VIES DES HOMMES ILLUSTRES - N° 39

LA VIE DE

SCARRON

ou

LE RIRE CONTRE LE DESTIN

par

JACQUES JÉRAMEC

nrf

8ᵉ édition

LIBRAIRIE GALLIMARD

PARIS 3, rue de Grenelle 1929

LA VIE DE

SCARRON

OU
LE RIRE CONTRE LE DESTIN

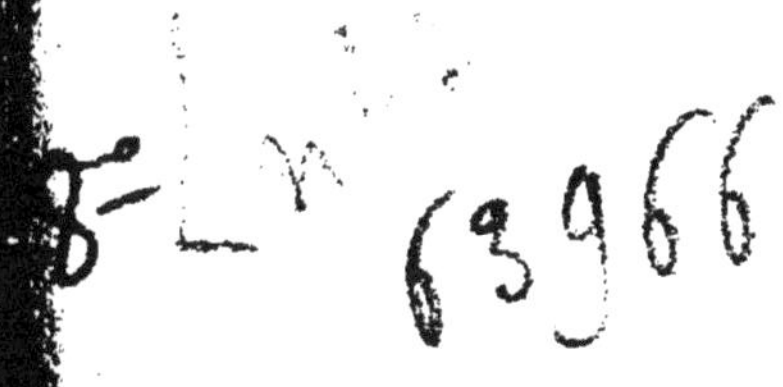

LA VIE DE

SCARRON

ou

LE RIRE CONTRE LE DESTIN

par

JACQUES JÉRAMEC

nrf

8ᵉ édition

LIBRAIRIE GALLIMARD

PARIS   3, rue de Grenelle   1929

AVANT-PROPOS

Parmi les personnages qu'a éveillés dans le passé proche la lumière de l'histoire, les uns vivent d'une éblouissante clarté : leur souvenir palpite dans toutes les mémoires, les enfants apprennent à lire en épelant leur nom ; d'autres restent invinciblement dans la pénombre : les gens quelque peu cultivés connaissent leur existence, certains détails de leur vie, certaines parcelles de leurs œuvres, mais le grand public les ignore.

Ce qui fait la gloire des premiers, c'est leur génie, leur influence dans le domaine des idées et dans celui des faits, ou bien encore cet insouciant hasard qui disperse son appui au gré de ses inexplicables préférences.

Souvent pourtant les héros de la seconde zone, moins doués par la nature, moins servis par le sort, sont plus tragiquement humains que les autres, et leur vie, moins connue, se trouve — quand on la révèle — plus pleine, plus imprévue, plus attrayante. L'influence latente qu'ils ont exercée sur leur époque et qui se prolonge jusqu'à nous surprend tout à coup celui qui s'est attaché à en suivre la trace.

Scarron est un de ces personnages de la pénombre.

Sa vie est une belle expérience humaine de lutte contre le destin. Créé pour la joie, avide de jouissances, n'aspirant qu'à couler dans un milieu enjoué une vie facile, à capter *ce que chaque minute peut fournir de volupté à l'esprit et aux sens, il est soudain terrassé par la maladie qui tue sa virilité, fait de lui, leste et gracieux, un **monstre** inerte.*

Il fait face à la douleur ; il continue de rire, dans une réaction farouche de tout son être contre la mauvaise fortune qui l'accable.

Mon seul objet est d'essayer de faire revivre les phases de ce drame, de créer pour le lecteur une image vraie du Scarron de l'histoire, Prométhée qui défendit le rire contre les dieux.

L'érudition a fouillé cette vie en des touches peu nombreuses, mais savantes.

J'ai puisé principalement — sans parler des mémoires de l'époque et des fantaisies sujettes à caution, mais fécondes en suggestions intéressantes, de La Beaumelle et de Tallemant des Réaux — dans les travaux modernes de Morillot [1], A. de Boislisle [2], Henri Chardon [3], Émile Magne [4]. Tout spécialement je rends grâce à l'ouvrage magistral de M. Magne, qui m'a fourni un guide infiniment précieux.

Groslay. le 21 août 1929.

J. J.

1. *Scarron, sa vie et see œuvres.* Paris, 1888.
2. *Paul Scarron et Françoise d'Aubigné.* Paris, 1894.
3. *Scarron inconnu et les types des personnages du Roman Comique.* Paris, 1903.
4. *Scarron et son milieu.* Paris, 1924.

LE RIRE NARQUOIS

I

PANTOMIME ARDENNAISE

— Ohé, Paul, à ton tour, grimace donc ta braillarde !

Les Ardennes noires profilent à travers la brume leurs timides collines d'avant-garde qui barrent l'horizon de ce grand pré vert.

Ils sont là une dizaine de gamins hirsutes, piailleurs, affamés autour de quelques pâtés dont ils se disputent les tranches, et les goulots des bouteilles blondes et brunes passent rapidement de bouche en bouche. Leurs belles joues colorées se gonflent au soleil de juin comme des fruits ; leurs mâchoires ont les craquements joyeux du bois sec, et leurs rires frais, le concert de leurs cris aigus jettent l'accord frêle des pipeaux sur cette fête champêtre.

Derrière eux, la Meuse trace une large frontière d'eau calme entre le vieux Mézières, tout bardé de forts et de clochetons gris, et la nouvelle ville de Charles de Gonzague dont les constructions blanches à briques rutilantes, et en cette année 1624 à peine plus âgées que ces enfants, ont l'air provocant de la jeunesse.

Ayant satisfait leur matinale gloutonnerie, les bambins veulent jouer ; ils interpellent leur dispensateur de farces, leur boute-en-train.

Et le petit Paul Scarron obtient son succès habituel en imitant l'air furieux de sa belle-mère, les yeux torves, la bouche écumeuse, la tête en avant, les bras battant l'air.

C'est ainsi que depuis deux ans qu'il a quitté sa famille, il se venge par des parodies sarcastiques de cette Françoise de Plaix, cette intruse qui a interposé sa chicanerie atrabilaire entre un père théoricien rêveur et indulgent, et l'adolescent déjà trépidant, plein d'appétit pour la vie.

Sa mère, il n'en a que le lointain souvenir d'une douce forme estompée à travers ses rêves d'enfant : alors qu'il n'avait que trois ans Gabrielle Goguet est morte.

Quant à son père, produit d'une lignée de magistrats, purement magistrat, se plaisant à entretenir de la vie et des choses la pure notion théorique que son idéal moral accueillait, prêt à s'enthousiasmer pour une idée et à la défendre, sans aucun souci de ses intérêts matériels, il n'eut jamais pour ce fils qu'une affection molle et distraite.

La famille Scarron est de source piémontaise. Au-delà des Alpes on en suit vaguement le cours du XIIIe au XVe siècle, où l'on voit poindre de temps en temps quelque guerroyant aventurier portant son nom, quelque gouverneur sculptant ses armes « Cimier d'azur à la bande contrebrestessée d'or » au fronton de son palais de Moncaglieri sur les bords du Pô. Puis elle passe en France et le flot de ses générations successives devient plus paisible, plus pondéré. Dans la région lyonnaise où on la trouve au xvi{{e}} siècle, elle fournit de nombreux dignitaires au clergé séculier, à l'administration communale, aux conseils de justice et de finances.

Quant au Seigneur de Beauvais et de la Guespière, père de notre garnement, il acheta pour cent mille livres, une charge de Conseiller au Parlement de Paris. Dans l'exercice de sa fonction, il apporta toute cette fougue désordonnée, toute cette ardeur bouillante, toute cette opiniâtreté mystique que ses ancêtres montagnards avaient jetées dans les guérillas et les intrigues à l'italienne. Il était essentiellement polémiste : qu'il s'agît de s'enthousiasmer pour le lyrisme des poètes de la Pléiade, de dénigrer la froide perfection des vers de Malherbe, de lutter pour le vieux droit de remontrance ou de trancher dans tel sens qui lui paraissait équitable quelque complexe procès, plus violent, plus obstiné dans l'enchevêtrement de ses arguties que son contradicteur, il emportait presque toujours la place. Cette supériorité apparente dans le raisonnement, le conduisit vite à la manie intellectuelle. S'étant par hasard entiché des épîtres de Saint-Paul, il se mit frénétiquement à les prôner, à les commenter incessamment à les présenter non seulement comme une charte morale intangible, mais comme un monument littéraire capital. Voilà l'homme public qu'admiraient ses collègues de la Grand'Chambre, mais que le monde libertin jugeait quelque peu ridicule et exaspérant. Henri de Condé, le père du vainqueur de Rocroi qui avait pour lui de la sympathie, n'en raillait pas moins cette morbide exaltation de celui qu'il appelait plaisamment « l'Apôtre ».

L'homme privé était bien différent : un timide que les réalités de la vie matérielle empêtraient. A sa première femme, naïve et patiente fille de magistrats bretons, il imposa huit fois en quinze ans les dures fatigues de la maternité. Devenu veuf, terrifié par les détails pratiques de la vie domestique, il n'eut de calme qu'une fois remarié. Il se rangea définitivement sous la tutelle de sa nouvelle femme. Il lui abandonna sans contrôle le soin d'élever les trois enfants survivants de son premier mariage et les trois autres qu'il lui donna.

Alors se joua le drame si fréquent, opposant les deux catégories d'enfants qui trouvent dans la maîtresse du foyer, les uns une mère à la sollicitude aiguisée, les autres une marâtre toute de haine. Et le petit Paul Scarron en fut dès l'âge de six ans le principal personnage. Aux brimades de Françoise de Plaix, il répondait par des moqueries, aux coups par des grimaces, à ses combinaisons d'usure ou de jeu par des farces qui les ridiculisaient.

Quand un emprunteur éploré venait solliciter le renouvellement d'un billet et que la matrone inflexible exigeait une exécution immédiate, le petit diablotin passait furtivement sa tête frisée dans l'entrebâillement de la porte. La présence de cet enfant mille fois chassé qui trouvait toujours une fissure où glisser son indiscrétion comme un reproche, rendait Françoise moins ferme dans ses transactions qu'elle n'aurait voulu. Quand elle comptait ses écus, elle le sentait à travers la cloison épiant le tintement métallique de son avarice. Quand elle rentrait l'air déconfit d'un salon de jeu où elle avait perdu, ou du cabinet d'un homme de loi qui lui annonçait la mauvaise issue d'une chicane qu'elle avait entreprise, elle lisait un secret plaisir sur ce visage goguenard.

Un jour elle le trouvait confectionnant le plus sérieusement du monde des petits bateaux en papier avec des reconnaissances de dettes, qu'il parvenait aisément à lui dérober dans l'incroyable désordre du logis. Une autre fois on le surprenait en train d'offrir le meilleur vin et les bons restes d'un chapon à un débiteur qui attendait dans la salle le retour de l'usurière. A la cave, il remplaçait par des flacons emplis d'eau les bonnes bouteilles qu'il distribuait à ses amis. Au grenier, il pillait les réserves de sucre et de confitures.

Un jour qu'il avait été particulièrement irrespectueux, la marâtre l'avait appréhendé à grand'peine et enfermé dans un étroit placard dont elle avait beaucoup de mal à maintenir la porte close. « Demande grâce et jure de ne plus recommencer, j'ouvrirai », braillait-elle haletante. Mais le gamin ne répondait que par un formidable éclat de rire, amorti par l'épaisseur des hardes contre lesquelles il étouffait.

Puis plus un bruit. Croyant l'avoir asphyxié, et à bout de souffle elle-même, la furie relâche son effort. Alors d'un brusque coup d'épaule le garnement ouvre la porte, renverse l'ahurie qui tombe en hurlant assise sur le plancher. Et le petit bonhomme les joues en feu, la bouche étirée par une joie bruyante, de s'esquiver prestement en criant :

> « Je gage un écu
> Que ton chien de cu
> Serait mieux à l'aise
> Posé sur la chaise ! »

Bref, il était insaisissable, incorrigible. La promiscuité belliqueuse de cet enfant qui était toute franche lumière et de cette femme aux noires combinaisons complexes, créait comme un contraste fantastique de conte de fées.

« L'Apôtre » fuyait ces cris, ces querelles. Les désagréments de son ménage lui firent trancher les quelques liens qui le retenaient aux réalités. Dans les longues méditations sur les textes qu'il chérissait, dans les discussions enfiévrées souvent accompagnées de la joie profonde d'une belle beuverie, voire même parfois du bref plaisir de trousser quelque jupon, de goûter une chair fraîche et facile — telle coulait sa vie.

Il se désintéressait de la gestion de son patrimoine, il finit même par perdre la notion de ses biens propres. A tel point qu'au cours d'une maladie où l'existence de sa femme semblait en danger, il la suppliait de lui réserver par testament une rente de 600 livres pour lui permettre de vivre, alors que toute la fortune de la communauté provenait de ses propres apports !

Ce père, « le meilleur homme du monde et non pas le meilleur père », le petit Scarron l'aimait, mais incapable de respect, il le bravait, riait de ses manies, de son accoutrement à la mode de Henri II. C'est ainsi que lassée, la famille avait profité du prétexte d'une invitation vaguement formulée pour l'exiler à Charleville.

Il a quatorze ans ; beaucoup moins grand que ses compagnons de jeu mais aussi râblé que ces petits paysans, il ressort de leur groupe par la finesse de son visage et l'aisance de ses mouvements. Ses longs cheveux bruns bouclés détonnent dans cette symphonie de tignasses blondes. Ses traits n'ont déjà plus la douce régularité de l'enfance, mais ses grands yeux d'un bleu intense, son sourire qui découvre deux rangs de petites « perles carrées » jettent un éclat radieux de joie vibrante, de malice espiègle.

Les jeunes campagnards à l'âme fruste, au gros rire sonore, aimaient ce petit bourgeois dont les tours facétieux et les imitations grotesques les ravissaient. Comme lui, nul ne savait braire, hennir, ou miauler, organiser des jeux et des mascarades, raconter des farces fantastiques.

En donnant ainsi des exhibitions et des récits comiques de ce petit drame familial dont il était la victime, il savait déjà, tout en fortifiant sa rancœur, tirer de son mauvais sort une belle moisson de réjouissances.

II

LE COLLÉGIEN DÉMONIAQUE.

Quand le distrait « apôtre » se rappela qu'il avait un fils et qu'il lui fit réintégrer Paris, ce n'était pas un vaincu humilié et repentant qui refranchissait son seuil, mais un diablotin plus révolté que jamais, plus décidé à prendre dans les événements quels qu'ils fussent la nourriture de son intarissable bonne humeur. Toutefois le père qui reconnaissait en lui une intelligence raisonneuse avec laquelle il sympathisait inconsciemment, se fit un devoir de lui donner une instruction convenable, espérant le pousser dans la magistrature, l'idéale carrière d'un Scarron.

L'adolescent fut mis en pension dans un collège. Soumis à un régime rigoureux d'éducation sordide, enveloppé de grammaire et de rhétorique, le naturel du petit Scarron résista à toutes les tentatives d'assimilation. Il gagna uniquement une haine obstinée pour les pédants et un mépris gouailleur pour les lettres classiques.

Son goût pour la vie sensuelle, réprimé par l'austérité de cette existence, ne devait qu'en prendre plus d'acuité et son appétit de jouissance exacerbé, n'en aurait qu'un élan plus violent dès qu'il serait libre.

Tandis que péniblement il expliquait les vers de Virgile, au lieu de se laisser aller à l'enthousiasme facile du rythme et des images, il ressentait instinctivement tout le comique secret des situations rigides et des discours emphatiques. Et un mot de lui, chuchoté audacieusement au milieu des paraphrases du magister, déchaînait dans le petit groupe des écoliers, des rires impossibles à contenir que la férule mâtait.

Les repas étaient pauvres, uniformes. Dans la grande salle à l'aspect monastique, deux planches poussiéreuses sont dressées sur des tréteaux. Des deux côtés vingt tabourets sagement rangés ; au bout un grand fauteuil. Il flotte dans l'air une odeur de bois humide et d'ennui renfermé. Mais voici que des vibrations multiples viennent troubler le calme lourd : frottement de savates traînées sur le plancher, bruit de voix qui caquettent, faible courant d'air produit par cette petite troupe en marche, odeur animale de la laine chaude et des corps sales.

Puis un brusque silence. Un régent entre par l'autre porte. Les écoliers se perchent dignement sur leurs sièges comme une bande d'oiseaux apprivoisés. Un rapide benedicite et le maigre repas commence : défilé lugubre de plats monotones, revêches et mesquins comme les jours d'une vieille fille provinciale. Si seulement cette courte heure n'était consacrée qu'à manger !

Mais il faut avoir l'air d'écouter la sainte lecture faite à haute voix par l'un des condisciples, et le tour de corvée revient vite. Celui qui lit est un sacrifié, ses voisins ont vite fait de se disputer sa part de nourriture, et lorsque le malheureux de temps en temps lève les yeux du livre, il a un regard de Tantale. Cependant le Révérend béat, demi-sourd, demi-aveugle, mastique harmonieusement tout en somnolant au ronron de la déclamation sacrée.

Scarron intrigue pour n'être jamais la victime et le plus souvent possible son voisin. Son destin de vendeur de rire se dessine déjà : les autres lui passent souvent quelque rogaton pour qu'il veuille bien singer le Père dans sa fonction masticatrice. La grande joie c'est la lecture qu'il leur fait, sur un ton plus bas que celle qui se déroule officiellement, de quelque livre profane interdit, habilement dissimulé dans sa toque plate sur ses genoux. Et les libertinages de Boccace qui s'intercalent dans la vie des Saints créent une atmosphère irrésistible de grotesque qui dilate la rate sous les longues robes noires, beaucoup plus que ne s'emplit l'estomac.

Lorsque le collège interprétait un mystère, Scarron prenait avec joie le rôle ingrat de Satan que d'aucuns refusaient par une crainte puérile et superstitieuse. Il faisait du personnage démoniaque une sorte de bouffon aux menaces ridicules ; et si certain Père, aux principes stricts, jugeait dangereuse cette présentation bénigne de l'horreur infernale, la plupart s'amusaient franchement à ce jeu qui tournait à la confusion de l'ennemi de Dieu. Dans ces rares spectacles le petit écolier fripon rachetait aux yeux de ses régents toutes ses fautes de l'année scolaire.

Ainsi, tant bien que mal, il s'assimilait cette éducation classique et si, au cours des années qui passaient, il se gorgeait difficilement de grec et de latin, il n'en prenait pas moins un goût très vif pour les lettres.

Lorsqu'après ce long couloir sombre de quatre années de collège, le jeune Paul se retrouva à la lumière, il eut ce geste instinctif qui consiste à respirer largement. Il s'ébroua au sortir de ce bain de dogmatisme, de sérieux compassé, d'austérité, et empoignant ses pensées riantes comme une masse de glaise fraîche, à grands coups il en sculpta des vers sautillants, mais conçus selon les règles.

— « Un Scarron rimeur, quelle horreur ! »

« L'apôtre » regarda ce fils phénomène avec un air naïf de courroux et de stupéfaction :

— « De quelles sornettes, mon fils, occupes-tu ton temps ? Quel plaisir peux-tu trouver à ces calembours grotesques ? A ton âge j'avais déjà donné d'une dizaine de phrases équivoques du « Digeste » des gloses qui faisaient se battre, tant elles suscitaient de passion les Conseillers du Parlement d'Aix contre ceux de Rennes.

— « Pourtant, père, répondait le jeune homme qui s'amusait parfois à fureter dans les vieux papiers de famille, j'ai connaissance que votre bisaïeul Philippe qui vivait sous le roi Charles VII, s'est plu à nous conter, non sans quelques fioritures littéraires, certaines anecdotes de son temps, dont nos mémorialistes font état. Peut-être un peu de sa faconde revivrait-elle en moi, car je vous confesse que je suis grand aise quand je rimaille de la sorte.

— « Mais, malheureux, crois-tu donc que pour traduire en vers boiteux, les fadaises dont ta tête est pleine, il soit nécessaire de contraindre ta pensée dans le moule invariable des formes prônées par ce Malherbe dont ta génération s'entiche ? Crois-tu qu'il y ait pour chanter les charmes d'une belle ou le doux parfum d'une vieille bouteille, des règles aussi nécessaires et infaillibles que celles dont on use pour construire une cathédrale ou pour réfuter logiquement des paradoxes hérétiques ? Penses-tu que Baïf, pour narrer ses joyeuses parties de campagne et nous peindre son plaisir d'emmener quelque charnue fille de ferme dans un fourré, s'empêtrait de tout ce fatras ? »

Le jeune Scarron, s'il n'en continuait pas moins à dépenser en chants enthousiastes l'ardeur de ses dix-huit ans, tenait compte de ces conseils paternels qui s'accordaient si bien à son propre tempérament.

Au diable les principes, les règles, la morale ! Il se mit à lire avec frénésie les romans d'aventures guerrières et galantes de la littérature espagnole. Ce style facile, enjoué, léger, le reposait de son dégoût pour les froides lettres latines.

Cependant Françoise de Plaix, dans son avarice inquiète, se démenait furieusement. Elle souffrait d'entretenir ce jeune polisson inutile, il lui paraissait urgent de le jeter dans une carrière tant soit peu nourricière. La magistrature ne paraissait vraiment pas convenir à son esprit malicieux et léger, à son caractère insoumis ; de plus les charges se payèrent cher en cette année 1629 !

Et la dame se souciait peu de décaisser ses écus. Quant au jouvenceau, il ne demandait qu'à vivre et à bien vivre. On lui proposa l'état ecclésiastique ; un fils de famille bien recommandé, élégant, brillant comme il était alors, pouvait rapidement obtenir le bénéfice copieux d'une bonne abbaye lointaine où il ne faisait que de rares apparitions sans qu'il lui en coûtât rien de sa vie mondaine et de ses plaisirs. Il accepta. « L'apôtre », quels que fussent ses désirs personnels, céda comme de coutume et s'en alla chercher d'efficaces consolations à son cabaret favori.

LE RIRE LIBERTIN

1

DANS LA RUELLE DE MARION.

Les visiteurs sérieux sont partis : gens du monde qu'on reçoit pour leurs bavardages fertiles en nouvelles, gens payeurs qu'on accepte, car le luxe est un dieu dévoreur de fortunes qui veut des victimes toujours fraîches sur son autel, gens d'amour qu'on recherche parce que la chair palpitante a besoin de crier diversement, infiniment.

Il ne reste plus là que deux amis. Et les amis de Marion de Lorme sont à la fois gens du monde, gens payeurs et gens d'amour. Deux jeunes hommes bruns portant le petit collet blanc des futurs abbés sur un pourpoint noir égayé de dentelle. L'un, vivace, souple, l'air enjoué, aux yeux ardents ; l'autre un peu gauche, hautain, le regard sombre : Paul Scarron, et Paul de Gondi.

Ils se sont rencontrés là et leurs épicurismes diversement nuancés ont sympathisé. Qu'importe que la glorieuse courtisane soit plus prodigue à l'un de ses sourires, à l'autre de ses baisers. Ils ont l'un et l'autre sans se jalouser, suivant le caprice ou les hasards du désœuvrement, entretenu avec une frissonnante dévotion le culte de ce corps divin. Et, les femmes sont si faciles à la sensualité de ces jeunes démons que l'envie, plante des sols arides, ne vient jamais embroussailler leur pure jeunesse.

Pour le moment on bavarde joyeusement et le temps prend son vol léger. La belle Marion écoute, rit, questionne, réplique, animatrice de ces débats amicaux.

Dans le cadre sévère de son appartement de la rue de Thorigny aux meubles sobres, à lignes cassantes, recouverts d'un simple cuir fauve gaufré, entre les murs tapissés d'un damas sombre, la grâce de la toute jeune créature ressort avec un éclat troublant. Mollement étendue sur son lit, vêtue avec la coquetterie correcte mais un peu froide d'une princesse, elle se laisse aller à la nonchalance exquise d'une conversation décousue.

Pour faire fleurir son sourire, les deux petits abbés égrènent leur chapelet de scandales piquants, improvisent des madrigaux, ou débitent leurs dernières créations.

— « Le corps d'une jolie femme, dit Scarron, — est un chef-d'œuvre de l'art céleste. Et il est aussi sot, aussi malfaisant d'en vouloir voiler le plus infime détail, qu'il le serait d'élever un remblai tout le long de la Seine pour masquer au regard des promeneurs les ciselures dont Goujon a animé la pierre grise du Louvre !

— « C'est juste, approuve Gondi. Quant à moi, Marion, je ne puis en regardant maintenant votre fin visage ne pas évoquer, en dépit de ce taffetas changeant qui vous habille, toute la colonne de chair palpitante dont vous ne daignez nous montrer pour l'instant que le délicat chapiteau.

— « Et à tous ceux qui ont aperçu dans votre château de Baye cette vision de vous, qu'a brossée Vouet sous les formes d'une nymphe amoureuse, vous n'interdirez pas de toujours broder malgré eux sur le nom de Marion l'image d'une nudité adorable.

— « Taisez-vous, adorateurs de statues, interrompt la jeune femme. Vous qui vivez dans le culte du nu, savez-vous ce que le peintre Romanelli m'a conté ? Monsieur d'Emery l'a prié de faire porter en secret en son hôtel et accrocher de nuit le tableau des Baigneuses Effarouchées qu'il lui avait acheté, parce que sa femme, par ordre de son confesseur, refusait d'exposer sa pudeur à une telle offense. Le lendemain la prude épouse s'est évanouie devant le spectacle de tant de seins et de cuisses dévoilés, mais la démoniaque peinture était installée dans la place ! »

— « Que Madame d'Emery change de confesseur ! Gondi certes serait plus tolérant pour les yeux, pour le cœur... et pour le ventre ! »

Parfois l'on chante une romance italienne. Scarron qui de son luth en accompagne les voluptueuses modulations se laisse aller à une griserie lancinante. Cette tiède musique sensuelle irrite ses nerfs. Et souvent quand la tendre courtisane le congédie brusquement, soit que son fantasque caprice ait changé d'orientation, soit qu'un payeur sérieux ait fait sonner son pas dans l'antichambre, il lui faut partir avec un désir à jeun dans tout l'être. Que ce faune de vingt ans aux caprices insatisfaits croise un soir l'ardeur latente d'une belle vierge aux formes à peine épanouies, lascive sous la sève qui monte, et voilà le déshonneur qui pointe sa menace sur une famille plus riche en honnête réputation qu'en biens tangibles.

Ainsi la pudeur de Céleste de Harville-Palaiseau ne résista pas à l'enjôlement de ce satyre charmeur. Cette mystique jeune fille en eut plus de remords que de regrets et elle consola aisément sa peine dans les nouvelles étreintes de ce prodigue. De l'harmonie de leur commun frisson, de l'accouplement de leurs jeunesses vibrantes, il émanait une force plus vive que tous les préjugés, que toutes les morales.

Et pourtant ce jeune homme pour qui l'amour n'avait que sourires, éprouvait le besoin de jouer au malheureux, au désespéré. C'était le snobisme du temps. Au lieu de se targuer de ses conquêtes, on prenait un air humble pour supplier en termes respectueux telle dame, qui souvent vous accordait dans l'alcôve tout ce que femme peut donner, de bien vouloir vous permettre la hardiesse de supporter le feu de son regard, ou de daigner vous gratifier de l'esquisse d'un sourire. Hypertrophie d'une politesse mondaine dont on abusait pour masquer l'aisance des rapprochements.

« L'amour que j'ai pour vous me tourmente si fort
Que j'en pourrais fléchir l'âme la plus barbare.
Je vous offenserai si je vous le déclare :
    Si je le cache, je suis mort.
Mais, redoutant la mort moins que votre colère,
    J'aime mieux mourir et me taire. »

Les Silvie, les Cloris, les Angélique qui font mourir de douleur l'hypocrite petit Scarron sont souvent — grandes dames ou filles d'auberges — des compagnes dociles la nuit, complaisantes le jour, que pour des bijoux, des nippes, des madrigaux ou des pistoles on peut délacer et lasser dans ses bras.

Cette facile conquête des femmes à laquelle Scarron donnait joyeusement tout son temps lui créait des envieux même parmi ses plus intimes amis. Armand de Madaillan lui joua le tour classique de la dame inconnue qui écrit, donne un rendez-vous où le galant piétine vainement de longues heures, s'excuse, fixe un nouveau lieu de rencontre, cause une nouvelle déception à laquelle elle trouve un prétexte encore plus attendrissant. Et la poursuite de cette femme qui se fait de plus en plus pressante, dure jusqu'à ce que la victime, au bon sens enfin dessillé, reconnaisse la supercherie.

Scarron mit longtemps à s'avouer dupé, car il avait sous son apparent badinage, sous son masque d'insouciante frivolité, un coquet petit amour-propre tendu comme une corde de luth, et dont les grincements au contact d'événements rugueux lui faisaient mal à l'âme. Ce petit bonhomme qui semblait d'un caractère si aisé dans le ton jovial, devenait violent, vindicatif sur

les notes irritées. Il n'oublia jamais cette farce et Madaillan eut beaucoup de peine à se la faire pardonner.

Quand les femmes n'occupaient pas trop ses loisirs,
il aimait les spectacles de comédies qu'on donnait soit
à l'Hôtel d'Argent au Marais, soit à l'Hôtel de Bourgogne au quartier Saint-Eustache. Il passait là des heures
de plaisir vrai, chevauchant sa chaise au fond de la
scène comme les petits marquis enrubannés. Que ce
fût du Rotrou, du Hardy, du Mairet, il était un spectateur aisément satisfait : saisissant par instinct et
avec un discernement raffiné tout le comique des situations et des caractères de la vie réelle, il ajoutait inconsciemment un attrait artificiel aux personnages et au
jeu des acteurs, en leur prêtant des intentions comiques
qu'il créait lui-même et auxquelles ils étaient complètement étrangers.

Lorsque le spectacle était achevé, il passait derrière
la scène avec la bande de poètes réels ou prétendus,
de jeunes seigneurs amoureux, de mûrs financiers
entreteneurs, dans la chambre où les comédiennes
quittaient pêle-mêle leurs oripeaux glorieux pour rede-
venir des femmes accessibles. Bruit confus de rires qui
éclatent comme des gloussements, de compliments
tantôt susurrés, tantôt déclamés selon que leur note est
tendre ou élogieuse. Des plaisanteries grivoises qui
grossissent de bouche en bouche comme une avalanche
à chaque nouvelle pente. Des baisers qui claquent ou
qui gémissent. Des rendez-vous discrets qu'on ébauche
pudiquement et des projets d'orgie qu'on déclame à

plein gosier. Des mains habiles qui frôlent et caressent des épaules consentantes, des cuisses soumises. Parfois des doigts gourds et tremblant de leur témérité qui se glissent furtivement vers la terre promise de quelque sein vivant à tête rose, sont foudroyés en route par une petite claque sèche au courroux indulgent.

Scarron frêle, glissant, ondoyant, courait de l'une à l'autre ayant toujours une impertinence aux lèvres, une mimique amusante dans le regard. Il recevait avec une égale bonne humeur les baisers acquiesçants et les soufflets rebelles. Et lorsqu'un grand seigneur protecteur officiel de l'une des comédiennes, criait trop haut quel déplaisir lui causaient les familiarités de ce démon aux gestes vifs, le petit bonhomme audacieux lui décochait des répliques injurieuses qui faisaient rire toute l'assistance contre le grognon. Pour le plaisir de cette minute de succès comique, il s'exposait sans hésiter, à recevoir un soir où il passerait dans un coin sombre une rude bastonnade, voire quelque dangereux coup d'épée.

Mais à cette époque de sa vie, il poussait jusqu'à l'absurde son habituelle insouciance.

Pour finir de brûler ses nuits, il quittait le théâtre avec un petit groupe d'épicuriens sympathisants, pour la plupart ripailleurs et poètes : Rotrou à la sérieuse barbiche qui savourait à froid les plus violents plaisirs, le haineux Mairet rancunier et brutal, le lourd Saint-Amant à la joviale bedaine, le délicat Tristan l'Hermite rêveur et passionné.

Gesticulant, criant, chantant, on se rendait à l'auberge. Les pâtés, les jambons, les poulardes, les vins fournissaient outre les voluptueux chatouillements du palais, des prétextes à hymnes extasiés, où, à travers l'incohérence de ces propos d'hommes ivres, passait avec une vigueur de jeunesse toute la joie de vivre en laquelle ils communiaient.

> « Que béni soit le jus d'octobre
> Ce jus qui rougit tant de nez.
> Malheur sur les morigénés,
> Malheur, malheur sur la gent sobre
> Malheur sur les peuples bigots,
> Honni soit qui ne les méprise,
> Pires que la gent circoncise,
> Et pires mille fois que Gots ni Wisigots ! »

Quand un homme d'épée se hasardait parmi eux sans laisser décemment sa gloriole militaire au porte-manteau, il était l'objet de leurs sarcasmes ; on narguait ses souffrances, ses longues périodes de privation, les dangers qu'il faisait courir à sa vie, le bien le plus précieux qu'il pût avoir. Et pourquoi ? Pour la vaine satisfaction d'un titre, d'un grade, d'une réputation. Quand le spadassin était un Georges de Scudéry qui joignait à ses forfanteries guerrières des prétentions aux lettres, les railleries tournaient en batailles, l'opposition devenait cabale, et il arrivait que le matamore dût fuir sous les projections de plats, de verres et de tabourets.

Ces beuveries coûtaient cher, surtout lorsqu'on

avait maltraité le riche intrus destiné à payer les frais. Et les purs de la bande étaient toujours sans écus.

Alors on essayait avec les quelques livres qui pouvaient s'accrocher encore désespérément dans les poches, de faire des opérations fructueuses au trictrac. Mais le tripot faisait vite fondre le peu de pièces qui restaient.

Contre la mauvaise fortune Scarron qui se rappelait le visage morose de sa belle-mère en pareils cas, affectait une indifférence encore plus complète que celle qu'il ressentait instinctivement. A cette époque où il était plein de santé et de vivacité, la vie ne lui apparaissait que comme une suite heureuse de joies rebondissantes, et les coups du hasard qui décevaient ses espoirs passaient inaperçus comme les cahots légers d'un carrosse emporté au galop sur une belle route empierrée.

Lorsqu'un soir par hasard Scarron se trouvait seul rêvassant et philosophant, il aimait se mêler à la foule. Il retirait de son habillement toute particularité ecclésiastique, chaussait des bottes de cavalier, et flânant comme un bourgeois à l'affût des distractions, il allait à la Foire Saint Germain qui se tenait sur le Parvis de Saint Sulpice.

> « Le bruit des pénétrants sifflets,
> Des flûtes et des flageolets,
> Des cornets, haut-bois et musettes,
> Des vendeurs et des acheteurs,
> Se mêle à celui des sauteurs
> Et des tambourins à sonnettes

Des joueurs de marionnettes
Que le peuple croit enchanteurs. »

Les bateleurs aux boniments brailleurs, les badauds le nez en l'air, les musiciens ambulants aux trompettes hurlantes, les boutiquiers au sourire complaisant, les filles de joie frôleuses, les laquais chapardeurs, les spadassins hargneux, tout ce peuple formait sous la lueur fumeuse des torches, une foule colorée, animée où les individualités sombraient. Le petit abbé raisonneur déguisé en cavalier sentait sa mélancolie fondre au contact de cette liesse populaire. Il songeait en riant en lui-même aux cris indignés des moraliseurs austères, qui peignaient en couleurs sombres ces scènes de débordement jovial. Si les marchands de dentelles volaient un peu leurs pratiques, si les tire-laine vide-goussets étaient les associés du montreur de marionnettes et dévalisaient gentiment les spectateurs que leur patron amusait, si les mendiants invalides se changeaient souvent en gaillards assassins qui saignaient à mort leur victime, toutes ces ombres du tableau n'apparaîtront que plus tard dans le souvenir d'un Scarron vieilli. Pour le jeune homme de cette époque-là, elle était saine toute cette franche gaîté ; elle était belle cette éclatante communion des gueux, des bourgeois et des seigneurs dans la folle fête ; elle était sacrée cette explosion de rires spontanée, continue.

II

LE BURLESQUE ET ROME EN CONTACT

Le 1er avril 1635 quatre-vingts carrosses venant de Rome, bondés des seigneurs les plus nobles et des dames les plus brillantes de la ville, couraient vers Civita Vecchia, enveloppant de chaude poussière, leurs dorures massives et les livrées pesamment chamarrées des laquais.

Le cardinal Barberin et le Comte François de Noailles, ambassadeur du roi Louis XIII auprès du Saint-Père, menaient cette rutilante caravane à la rencontre d'un groupe de prélats français qui arrivaient en un non moins magnifique équipage. Alphonse de Richelieu, archevêque de Lyon, frère du Grand Cardinal venait demander au Pape la dissolution du mariage secret que Gaston d'Orléans avait contracté avec Marguerite de Lorraine-Vaudemont. Gaspard de Daillon, évêque d'Albi, et Charles de Beaumanoir, évêque du Mans, l'accompagnaient.

Parmi les gens qui suivaient les hauts dignitaires,

humble clerc sans autre fonction que celle de « domestique » de l'évêque du Mans auquel il était attaché depuis deux ans, pauvre personnage sans éclat, le dernier dans l'ordre de préséance, Scarron montrait contre mauvaise fortune belle mine. Chevauchant sans autre désir que l'instinctive curiosité du voyageur, étranger aux lourdes ambitions de ses compagnons de route, s'il était le moins pesant de tous en titres éclatants et en tintants écus, il était le plus léger en soucis.

Tandis qu'on défilait dans les rues de Rome, le puéril Richelieu songeait à la pourpre cardinalice ; Beaumanoir les yeux perçants, le visage grave, évaluait l'éventualité d'un troc entre son siège épiscopal et celui de Lyon ; Philibert de Lavardin, son neveu, escomptait de cette ambassade quelque charge brillante ; Scarron simple comme un collégien en vacances, heureux d'avoir fui Le Mans et le chapitre Saint Julien, pensait seulement :

« Comme on est loin ici des mesquineries lassantes de ces bourgeois à l'âme étriquée. Comme on sent bien dans ces petits hommes bruns à l'allure libre, aux gestes vifs, qui foulent glorieusement cette poussière dorée, les fils des athlètes en toge, aux cerveaux froids mais aux gestes puissants, qui se sont amusés à conquérir le monde pour le seul plaisir d'y expérimenter en grand leur jus civilis... Ces femmes aux chevilles fines, aux hanches mouvantes, toutes baignées de soleil doivent être des lyres d'amour délicieuses à faire vibrer...

« Pouah ! l'odieuse image de ces sottes mancelles sanglées dans leurs justaucorps tachés, échevelées, aux aisselles puantes, baveuses de calomnies, hypocrites perruches caquetantes qui cadenassent leurs maigres ventres sales et en offrent la clef dans de longues œillades suppliantes à tous les mâles qu'elles rencontrent. Gloire au pays du soleil, honte au terroir des brumes !... »

« Et puis une si pompeuse réception n'ira pas sans quelque saoulerie... »

Échafaudant ainsi des espoirs d'orgies le petit Scarron prenait sa revanche des deux années de contrition qu'il venait de passer.

Son existence de Parisien prodigue et débauché avait vite inquiété sa marâtre. Son père dont les écarts de conduite soigneusement clandestins, n'éclaboussaient nullement la cuirasse de vertu parlementaire, souffrait des petits scandales bénins mais multiples, où le nom des Scarron risquait d'écornifler sa belle façade rigide. L'une, parce que les dissipations du jeune homme prélevaient leur part du patrimoine familial qu'elle faisait passer écu par écu de la bourse des enfants du premier lit dans celle de ses propres rejetons ; l'autre, parce qu'il était soucieux que son fils fît une belle carrière — tous deux tombèrent d'accord pour achever la cléricalisation du petit collet. Et on se mit en quête de lui trouver une charge.

L' « apôtre » alla quémander sans succès de ci de là, faisant le tour de ses relations. Michel le Masle, prieur des Roches, intendant des domaines du Cardinal de

Richelieu, promit beaucoup et ne donna rien. Les vacances étaient rares et on y pourvoyait au profit des candidats admis longtemps à l'avance. Le méthodique conseiller enquêta discrètement sur l'état de santé des différents titulaires, et ayant appris que le prieur de Rumilly près Boulogne commençait à perdre beaucoup de sa vigueur physique, il adressa immédiatement à Richelieu une supplique tendant à faire de son fils le successeur du débile vieillard : nouvel échec.

Finalement le cousin Pierre Scarron, évêque de Grenoble, avait proposé ce poste d'attaché particulier de Charles de Beaumanoir, siège d'attente pour un canonicat ou une abbaye. Le petit abbé des ruelles et des cabarets avait ressenti un vrai chagrin à quitter son Paris. Mais que faire quand on a la bourse vide et qu'on est totalement inapte à la remplir. D'ailleurs, reçu par l'évêque comme un fils de bonne famille, séduit par les chapons du Maine qui s'avérèrent dignes de leur réputation, et puis prêt par instinct à s'accommoder à tous les milieux, à tous les événements, il s'était consolé de cet exil en raillant les ridicules qui foisonnaient autour de lui.

Cependant avec quel plaisir il avait saisi cette aubaine d'une escapade vers Rome. Comme il l'espérait, ce ne furent que bals, festins, beuveries. Chacun des personnages illustres de la ville avait à cœur de gaver dignement les nouveaux arrivants. Alphonse de Richelieu reçut son chapeau de cardinal et il tint au Palais

Farnèse un fastueux train de maison. Les vins de Bourgogne et de Bordeaux cherchaient à éclipser les Falerne et les Castelgandolfo du connétable Colonna.

Scarron, délaissant les tables officielles où la pompe nuisait quelque peu au débordement de la joie, cherchait des compagnons plus simples avec qui il pût continuer les belles traditions de ses débauches parisiennes. Il rencontra ceux qu'il désirait parmi les secrétaires de l'ambassade : François de Maynard, poète allègre, Bourdelot, médecin optimiste, et Philibert de Lavardin son compagnon de route, formèrent avec lui un quatuor infatigable, jamais assouvi.

Le soir, à l'heure où la fraîcheur vivifiante tombait du ciel toujours pur, ils partaient enveloppés de grands manteaux sombres, coiffés de larges chapeaux dont les bords cachaient des physionomies par trop officielles. On sortait de Rome et l'on gagnait quelque villa aux jardins fleuris et hospitaliers. Là de belles et légères Romaines, vêtues de voiles peu protecteurs, fournissaient aux visiteurs leurs frémissements chargés de tout le charme de la couleur locale.

D'ailleurs de la table des cardinaux la grivoiserie n'était nullement proscrite ; les quatrains frivoles, les anecdotes piquantes, les propos émoustillants avaient droit de cité, et les prélats onctueux se tordaient d'un rire sonore qui ballottait leur bedaine gavée.

Scarron, pour inaugurer la période du libertinage, demandait gravement :

« Monseigneur, m'accordez-vous maintenant la permis-
sion de faire le fou ? »

Un jour qu'il promenait son désœuvrement dans
les ruines du Forum, il fit la connaissance du peintre
Nicolas Poussin. Quel contraste entre ce rêveur, émotif,
sobre, calme, discret et notre bouillant abbé! L'un
méditant, l'autre agissant. L'un tourmenté du besoin
de réaliser l'harmonie esthétique dont l'univers lui
semblait empreint, cherchant dans les modèles anti-
ques de la capitale latine la loi d'une reproduction
rationnelle de la nature. L'autre, n'aspirant qu'à
vivre béatement et à crier crûment sa joie de vivre.
Et pourtant ils furent amis, un même amour optimiste de la création les rapprochait.

Poussin vivait avec sa tendre jeune femme Marie
Dughet dans une petite maison de la rue Babuina.
Un jour, il travaillait à la suite des Sept Sacrements
commandée par son protecteur Cassiano del Pozzo,
Scarron frappa à sa porte. Il arrivait la goguenardise
au bec. Il s'arrêta sur le seuil saisi par la ferveur presque religieuse de l'intimité où sa curiosité l'intro-
duisait. Le torse nu, le peintre lutte avec la lumière ;
sa douce compagne tourne vers lui un pur visage qui
devient par sa pensée et sous ses doigts un visage
d'ange.

Poussin prit par le bras le frêle petit abbé et
grimpant avec lui jusqu'à l'église de la Trinité du
Mont au sommet du Pincio, il le mena devant Rome
comme devant un tableau.

La perspective des collines hérissées de colonnes, de coupoles, de campaniles, d'arcs de triomphe, se colore de la maturité lumineuse de l'après-midi. Par delà ces pierres où l'art de chaque siècle s'est imprimé magnifiquement, au loin s'étale la plate Romagne qu'habillent le vert clair de la vigne, le bleu ocré des oliviers. Et le peintre parla.

Il dit ce qu'un tel spectacle peut faire naître en lui de passion intense. Il explique cette vie de rêverie et de création, cette vie sans rien de terrestre qui est la sienne. Scarron se sent mal à l'aise comme si le flux de quelque gigantesque marée secouait sa carcasse fragile.

Plusieurs jours le peintre promena son catéchumène comme en état d'hypnose, à travers les chefs d'œuvre de la Ville. Il le fit frémir devant la hardiesse écrasante de Michel-Ange, pleurer de sympathie mystique pour les formes de Raphaël, s'extasier devant les toiles du Titien qu'il prenait pour maître. Pendant une semaine Scarron déserta les bals et les festins, on put le voir méditer, crayonner des formes, lire de savantes critiques, l'entendre comparer les manières de tels artistes, disserter de l'évolution de la peinture pendant la Renaissance, ou prôner avec ardeur tel bas-relief peu vanté qu'il avait découvert et admiré au cours d'une promenade.

Puis brusquement le charme fut rompu. Sa haine des règles classiques, son horreur du conventionnel, son besoin de jouir matériellement de la vie, toutes ces prédestinations obscures et puissantes qui s'attachaient à son être rejaillirent brusquement.

Comme ces jets d'eau des fêtes espagnoles qui éclatent subitement au milieu du calme d'un parc, ces « burladores » qui ont donné leur nom au burlesque, l'instinct dominant de son tempérament se faisait jour. A toutes ces profondes sensations d'art dont la Rome de Poussin venait de lui meurtrir l'âme, à ce prêche de la beauté dont il subissait le charme, il répliqua par un court sonnet vengeur, où toute sa rage d'iconoclaste se précipitait furieusement.

Au contact de ces souvenirs du passé classique et de cette efflorescence d'art pur dont la Rome des Papes venait d'être le foyer, après cette semaine de recueillement, il clamera son appétit de jouissance plus fort que tous les sentiments esthétiques. Tant de grandeur humaine, tant d'historique majesté ne sont que des illusions périssables :

« ... Superbes monuments de l'orgueil des humains,
Vieux palais ruinés, chefs-d'œuvre des Romains,
Par l'injure des ans vous êtes abolis,
Ou du moins la plupart vous êtes démolis ;
Il n'est point de ciment que le temps ne dissoude.
Si vos marbres si durs ont senti son pouvoir,
Dois-je trouver mauvais qu'un méchant pourpoint noir
Qui m'a duré deux ans soit percé par le coude ? »

Cette vision burlesque de la cité sacrée prenait un peu à cette heure de la vie de Scarron le caractère d'une profession de foi. Face au classique, au suranné guindé, au respect aveugle, il prônera la vie aux félicités sensuelles, possibilités indéfinies offertes à ses désirs, avec la même ardeur mordante qu'eût pu mettre son père l' « Apôtre » dans ses paraphrases de Saint Paul.

Le Comte de Noailles offrit un dernier festin à la mission qui rentrait en France. On était en août, période de chaleur intense. Le repas fut servi dans une grotte que rafraîchissaient les suintements de multiples fontaines. On but à la santé du Roi. On fit de pompeux adieux à la grande ville des arts. Mais, s'ils n'y furent pas vantés, les souvenirs des plaisirs variés de ces quelques mois envolés s'accrochaient dans bien des mémoires et expliquaient plus véridiquement les regrets de ces joyeux compagnons.

De cette confrontation de la raideur grandiose du passé et de la souple fragilité de son petit personnage vivant, la vocation burlesque de Scarron sortait affirmée. Et qui sait si la littérature française ne doit pas à cette folle escapade de quelques joyeux prélats beaucoup des pages alertes et piquantes que lui ont fournies le fol petit abbé, et ceux qui l'imitèrent.

III

EN ATTENDANT LA PRÉBENDE DE CHANOINE

En compagnie de Charles de Beaumanoir, Scarron avait réintégré Le Mans au cours de l'hiver 1635, et repris en même temps que sa place au chapitre de Saint-Julien son existence désœuvrée et facile.

Quelques mois plus tard, la mort du chanoine François Melot rendait vacante une place de choix que, favori de l'évêque, il réussit aisément à se faire attribuer. Le jour même de la mort de son prédécesseur, il se présentait au chapitre muni d'une lettre du prélat qui lui conférait le canonicat et ses accessoires pécuniaires. On l'investit, on lui assigna une stalle dans le chœur. Gravement, dignement, il reçut le baiser de paix et promit d'acquitter la « rigoureuse », c'est-à-dire d'assister chaque jour pendant trente-deux semaines à l'un au moins des services religieux rituels. Avec des transports de joie il perçut et dépensa les premiers deniers auxquels sa nouvelle charge lui donnait droit. La plus grosse partie de sa prébende, le

« gros » ne lui serait payée qu'après cette épreuve d'assiduité.

Mais la chicane, qu'il avait vue s'incorporer en sa belle-mère Françoise de Plaix, et qui devait lui opposer son visage grimaçant à chaque tournant de sa vie, vint dès lors troubler sa paisible possession d'état. Le neveu du chanoine défunt contesta ses droits. Il avait produit en Cour de Rome un contrat de résignation de prébende fait par son oncle à son profit et s'était fait pourvoir juridiquement trois jours avant le décès de son auteur. Il se présenta donc au chapitre. Les chanoines refusant de le recevoir, il se fit installer de force par le ministère d'un notaire juré. Il fallut plaider. Scarron allégua contre son adversaire le défaut d'âge et de capacité.

Privé momentanément de la fonction, il s'exempta de l'austérité qu'elle comportait. Il continua à faire de brèves apparitions dans l'église, les plus rares qui pussent suffire à sanctionner sa qualité de clerc.

Il était devenu en même temps qu'un familier de l'évêque Beaumanoir, un ami choyé des Lavardin, depuis ce voyage de Rome fait en compagnie de leur fils cadet, le jeune abbé Philibert. On prisait autant sa bonne humeur que son bel appétit, et les heures qu'il passait à faire rire ses hôtes ou à festoyer entretenaient son crédit auprès du chef du diocèse, mieux que des actions de grâce ou des oraisons. En outre du cadet, petit abbé de Beaulieu, la famille Lavardin s'ornait de deux rejetons, un fils Henri, héritier du titre qui portait la gloire de nombreux faits d'armes, et une fille Madeleine que les familiers de la maison nommaient plaisamment « l'infante ».

Quant à la marquise douairière, elle avait épousé en secondes noces le comte de Modène qui se souciait bien moins de partager sa vie que de s'abandonner aux caprices puérils de Madeleine Béjart, celle qui allait devenir l'interprète et la maîtresse de Molière. Pour se consoler, la marquise s'étourdissait par de continuelles réceptions, faisant osciller sa magnificence accueillante de son palais du Mans à son château campagnard de Malicorne.

Partout Scarron était chez lui. Du guerrier il célébrait la science militaire, de la jeune fille il vantait la fraîche beauté, de la mère l'esprit et les largesses. Il accueillait son camarade des beuveries parisiennes, Tristan l'Hermite ; il conversait librement avec la petite Madeleine et dans des discussions animées il lui donnait un enseignement facile des lettres, auquel elle se plaisait. Devant les galants qui courtisaient la belle, il s'effaçait humblement, non sans quelque pénible serrement de cœur qui se traduisait en satires mordantes.

Mais l'évêque, qui se servait de son secrétaire comme d'une sorte de bouffon, l'arrachait à cette intimité familiale et l'emmenait dans les manoirs des environs où il séjournait. Tous les seigneurs marquants du Maine reçurent avec le prélat libertin son jovial secrétaire.

Le traitant favori était ce François d'Averton, comte de Belin, qui voguait au gré de ses caprices de l'un à l'autre des châteaux qu'il possédait dans le Maine. Suivant qu'il lui plaisait de chasser à courre, de pêcher, de nourrir son esprit de littérature ou d'endormir son ardeur dans des bras parfumés, il choisissait pour l'habiter l'une de ses propriétés. Bien souvent il gagnait en petit équipage le manoir isolé où il entretenait dans le luxe une comédienne au règne éphémère, ramenée un jour de Paris, et qui ne tardait guère à rejoindre quelque troupe de théâtre passant dans la région.

Il entraînait dans ses déplacements toute une cour de poètes, d'artistes, de comédiens à qui il faisait partager sa vie sans soucis. Scarron avait gagné son amitié par l'aisance avec laquelle il tenait à table le rôle écrasant d'animateur du rire et de dévoreur des plats les plus énormes. Au cours des soirées, le petit abbé sans charge s'entendait aussi à mener des ballets, à organiser des quadrilles, et galamment il payait sa note en des éloges hyperboliques de l'amphitryon, qui jaillissaient spontanément de sa reconnaissance.

Chez la Comtesse de Soissons qui vivait royalement dans son château de Bonnétable, Scarron était l'enfant choyé dont on attend les saillies, dont on excuse les folies, dont on pardonne les insolences.

Chez le Comte de Tresmes, gouverneur du Maine, il était plus qu'un familier, un parent, un beau-frère dont on oubliait la filiation bâtarde. En effet sa sœur Françoise en qui se manifestait toute la surcharge nerveuse des Scarron, sous la forme d'un besoin irrésistible d'émotions sexuelles, était devenue la maîtresse du puissant seigneur. Fille d'honneur de Marguerite de Lorraine, elle avait été jetée dès sa jeunesse dans les intrigues de la galanterie. Il lui avait semblé aussi enviable de laisser sa pudeur fondre entre les bras de ce tendre protecteur, qu'il lui avait paru normal de favoriser les relations ferventes du maréchal de Bassompierre avec la princesse chez qui elle vivait. Tresmes était un amant épris, respectueux, et munificent tant pour Françoise que pour son frère Paul, qui sans juger, sans réfléchir, picorait allègrement les miettes de cette débauche bourgeoise.

Mais toutes ces distractions, si pourvues qu'elles fussent des plaisirs dont Scarron était friand, ne suffisaient pas à assouvir les besoins de son tempérament impétueux ; d'ailleurs ces réceptions des grands seigneurs, malgré leur laisser-aller libertin, comportaient une certaine retenue qui lui convenait mal. Il lui fallait des débordements sans restriction avec de gais compagnons. Le hasard le servit : il fit la connaissance de Charles Rosteau, chirurgien, fils du médecin attaché à la famille Lavardin, lui-même secrétaire du Comte de Tresmes, épicurien à souhait et ami des belles lettres. Ils devinrent vite inséparables, et les hôtelleries tapageuses de la ville, telles que le tripot de la Biche, connurent et retinrent le candidat chanoine comme autrefois les cabarets parisiens et les villas romaines.

Là aussi Scarron improvisait des chansons à boire que toute la canaille enfiévrée vociférait en chœur :

Que je sois fourbu, châtré, tondu, bègue, cornu,
Que je sois perclus alors que ne je boirai plus !
        Parlons comme des fous,
        Que chacun crie et braille !
        Hurlons comme des loups,
Jetons nos chapeaux et nous coiffons de nos serviettes
Et tambourinons de nos couteaux sur nos assiettes !
Que je sois fourbu, châtré, tondu, bègue, cornu,
Que je sois perclus alors que je ne boirai plus ! »

Malgré les dissipations de cette vie oisive, menée sans aucune règle, au hasard des aventures, des invitations, dans le seul souci de cueillir ce que chaque instant pouvait donner de bien-être physique, l'esprit de Scarron s'enrichissait d'abondants documents pittoresques et variées sur la vie de province. Les éléments d'observation, qui plus tard lui serviront à écrire son Roman Comique, se présentaient à lui aisément, sans qu'il les cherchât et s'imprimaient dans sa mémoire avec toute la netteté indélébile qui caractérise les sensations de plein épanouissement de l'être.

Rien en lui du La Fontaine distrait, hors la vie, ni du Molière, méditatif, qui regardent les choses dans l'intention préméditée de les décrire, d'en faire servir leur interprétation personnelle à la nourriture de leur art. Scarron vit tout simplement. Quand plus tard il cherchera la matière d'un grand roman burlesque, il n'aura qu'à cueillir parmi ses souvenirs les personnages et les situations comiques, que sa verve animera. Et ils se présenteront à lui spontanément sous forme de caricatures, sans qu'il ait besoin d'exercer un effort quelconque pour leur faire subir la déformation nécessaire à son intention de faire rire à leurs dépens. Sa mémoire les aura déjà enregistrés avec leurs ridicules démesurément amplifiés. Car Scarron voit la vie à travers le verre grossissant de son naturel bouffon, et les scènes les plus fades, les plus dénuées de tout aspect comique font ressortir à ses yeux quelque particularité grotesque qu'il sait exploiter.

Dans cette plate société, son optimisme offensif eut vite trouvé un butoir où heurter : Ambroïs Denisot, comme lui secrétaire de l'évêque, lui opposait le contraste injurieux d'un tempérament sombre, renfermé, compliqué. Il était avocat retors et avait des prétentions exorbitantes à une foule de talents divers dont en fait il était complètement dénué. Pédant insupportable, il se servait de son érudition superficielle pour plagier les écrivains espagnols et s'approprier des petites nouvelles dont il s'imposait narrateur fastidieux. Il allait devenir le pivot comique de l'épopée burlesque qui mûrissait en Scarron, le Ragotin sur qui s'acharne une malchance vengeant la nature opprimée. Car ce sournois se faisait le bon apôtre des mœurs pures et honnêtes, ce qui ne l'empêchait pas de satisfaire ses besoins de luxure. Il violait de temps à autre quelque fille d'auberge à qui la laideur et la crasse, la mesquinerie et la rapacité du personnage enlevaient toute l'usuelle bonne volonté. Mais il n'en préparait pas moins des édits austères tant pour se créer une réputation de sainteté que pour la volupté de plier les gens sous sa loi.

Entre ces deux influences, le laisser-aller riant chez Scarron et le noir plaisir de la répression chez ce Denisot, l'évêque savait choisir selon ses goûts. Pourtant les désordres d'une administration débonnaire avaient fait scandale. A l'abbaye d'Etival une religieuse cistercienne, nouvellement arrivée, avait voulu réagir contre les mondanités dont les sœurs enjolivaient la règle bénédictine et sa sévérité avait coupé toute correspondance entre les belles religieuses et le voisinage aimable qui les visitait fréquemment. Ce fut la révolte à l'intérieur du couvent. L'évêque, malgré lui, dut intervenir au grand désespoir de Scarron, qui regrettait de ne plus pouvoir aller repaître ses yeux de ces visages purs où la retraite n'avait encore jeté qu'un voile délicieux de mélancolie. Toutefois il n'était pas assez imprudent pour s'engager à fond dans ce débat où il risquait sa propre liberté.

Une occasion propice lui fut bientôt offerte de développer l'ardeur polémique qui sourdait en lui. Son ami le Comte de Belin avait créé comme une sorte d'académie littéraire à l'image de celle de Richelieu. Il avait repêché de la misère pour se les attacher des poètes jusqu'alors sinon sans renommée, du moins sans pension. Rotrou, Mairet passaient de longs mois chez lui.

On avait supporté malaisément dans ce petit clan le succès retentissant du « Cid » et l'on s'appliquait à combattre ce Corneille, cet intrus qui n'appartenait à aucune coterie. Scarron prit facilement parti contre l'emphatique noblesse dont la raideur l'exaspérait. Rotrou voulait concilier les deux camps, mais notre abbé envenima le débat, en jetant dans la lice deux pamphlets successifs où sa violence injuste emportait tout espoir de paix. Il criait à celui qu'il devait appeler plus tard « l'inimitable Corneille » :

> « Esprit de fange, âme de savetier,
> Dont les parents ont mené la charrue ;
> Sans plus faire crier ton nom parmi la rue,
> Reconnais ta bassesse et reprens leur métier.
> Que si pour tes vers pleins d'emphase
>   Tu mérites quelque loyer,
>   Apollon qui veut t'employer
>   Te retient pour panser Pégase,
>   Accepte cet illustre emploi
>   Digne d'un faquin comme toi. »

Cependant les soucis matériels l'assaillaient. En deux mois il perdit ses plus utiles protecteurs : le Comte de Belin, puis l'évêque Beaumanoir.

Mais la chance qui le favorisait sans relâche dans cette période heureuse de sa vie lui envoya comme nouveau chef l'abbé de la Ferté en compagnie duquel il avait passé nombre de soirées plaisantes à Rome. Il quitta néanmoins le palais épiscopal en cette année 1637 et alla s'installer dans une modeste chambre où la joie d'être chez lui ne tempérait que médiocrement la perte de confort et de luxe qui s'ensuivit.

IV

LE CARNAVAL DE 1638

Pour la population du Mans à la façade sévère, le Carnaval est un jour où la fantaisie, opprimée tout le long de l'année par des convenances d'austérité, peut enfin s'épanouir licitement. Des mois d'avance on projette cette réjouissance. Et quand elle a été brûlée en un court instant de joie, on en tisonne longtemps le souvenir qui s'éteint.

C'est une nuit où sous les masques et les déguisements, hommes et femmes de toute fortune, de toute condition, se mêlent dans la joie bruyante de la danse.

Voilà une fête que Scarron ne pouvait manquer. Et pourtant tandis que ses amis tiraient de leur imagination enfiévrée des costumes étranges et des farces nouvelles, lui songeait qu'il risquerait dans cette mascarade interdite au clerc qu'il était, sa prébende de chanoine, sa bonne douce existence rassasiée et paisible.

Et le soir du bal, il était seul dans sa chambre à

rimailler tristement des couplets allègres, tout en gri-
gnotant la carcasse d'un chapon froid.

Une bande de masques fit irruption chez lui et
interrompit ses rêves. Il émanait d'eux une telle gaîté
ardente que scrupules et prudence fondirent. « Bah!
allons rire... et tant pis! » Mais comment improviser
un travestissement d'une originalité digne de sa réputation et qui le rende méconnaissable.

— « Partez — dit-il aux autres — je vous promets
de vous rejoindre. »

Il va chercher dans sa bibliothèque, qui est en
même temps son armoire à vivres, un grand seau
de miel, et, s'étant dépouillé en un clin d'œil de tous
ses vêtements, patiemment il tartine sa nudité. Devant
le miroir, tenant d'une main une chandelle qui fume,
il s'amuse à souligner en traits gluants toutes ses rondeurs. Puis il bouleverse son lit, éventre le matelas et
se roule furieusement dans les plumes. Ainsi ce petit
bonhomme replet devint un monstrueux oiseau.

Quand il eut caché sous un loup son visage, nul
n'eût pu reconnaître en ce volatile sautillant le jeune
abbé qui figurait régulièrement avec une mine ennuyée
mais sage au chapitre de Saint Julien.

Son apparition dans le bal causa d'abord comme une
terreur. Et les belles dames et les jolies filles de fuir
en jetant des hurlements quand cet empenné sifflo-
tant les approchait. Mais las de pousser des cris monotones, incapable de conserver son anonymat, l'oiseau
se mit à goguenarder. Il y avait donc de l'humain
sous ce plumage. Chacun fut tranquillisé et les femmes

retrouvaient leur curiosité naturelle : — « Qui est-ce ? qui est-ce ? Comment est-ce fait ? »

On regarda, on frôla, on palpa l'étrange bête. Puis des doigts mutins s'essayèrent à tirailler, des mains hardies se mirent à arracher. Et quand on vit sous les plumes transparaître la simple nudité d'une chair velue, ce fut un scandale pour les prudes, un jeu pour les égrillards qui tentèrent de dévoiler ce que les convenances font tenir le plus caché. Sous les rires, sous les huées, craignant l'esclandre et ses conséquences, Scarron identifié glissait entre ses tortionnaires bouffons, répondant aux coups par des coups, aux plaisanteries bénêtes par des grivoiseries énormes.

Il s'enfuit, il court dans les rues étroites poursuivi par une meute de quasi-ivrognes en délire. La lune éclaire cette partie de vénerie et empêche le fugitif de disparaître dans quelque recoin. Il arrive ainsi sur un pont au-dessus de l'Huisne, petit tribut d'eau lente que la Perche verse à la Sarthe mancelle.

Scarron plongea, fit quelques brasses contre le courant et demeura coi blotti dans les roseaux. Les chiens masqués perdirent sa trace. Il y eut sur le pont une farandole endiablée, on conspua en riant le petit abbé. Et les bruits s'éteignirent ; lentement, car les parapets des ponts fournissent un accoudoir aimé des couples qui corps à corps regardent couler l'eau.

Quand Scarron osa bouger, la nuit commençait à vaciller. Il n'était qu'un pauvre petit homme nu, honteux, titubant, claquant des dents, qui se faufilait en rasant les murs. A grand'peine il gagna son lit.

Ce fut une épouvantable fièvre rhumatismale. Pendant un mois il fut plus près de la mort que de la vie ; mais soit qu'il fût plus robuste qu'il ne le semblait, soit que l'immense provision de joie qui était en lui eût accru sa résistance nerveuse, contre tout espoir il se rétablit. Il se crut quitte envers la maladie par ce paiement de quelques semaines de souffrances.

En fait il ne devait pas tarder à comprendre qu'il avait laissé dans l'Huisne, en même temps que son instable déguisement, toute sa jeunesse, toute sa santé.

LE RIRE AMER

il l
ava
de
qu
l'x
p
ad

La
la
plu
pet
inr
tou
d'
Ma
der

I

LE BAPTÊME DE LA DOULEUR

Quand Scarron put reprendre sa vie normale, quand il lui parut que ses membres déliés de toute souffrance avaient retrouvé leur aisance frétillante, il eut un accès de reconnaissance presque religieuse envers la nature qui lui avait forgé un robuste tempérament. Mais l'idée ne l'effleura pas de joindre un peu de ferveur pieuse aux prières machinales, mercenaires, qu'il adressait au ciel comme on paye un créancier.

Il redevint le pensionnaire satisfait de l'Hôtel des Lavardin. Un drame était passé sur cette famille sans la troubler plus qu'un petit incident banal. Un galant plus pressant que les autres avait-il obtenu de la petite Infante Madeleine des caresses plus ou moins innocentes, un abandon plus ou moins consenti ? En tous cas il s'en targuait insolemment, ce marquis d'Armentières, transfuge de la tutelle vieillissante de Madame de Sablé ; il ne se pressait nullement de demander la main de l'imprudente. Le Marquis de

Lavardin ne fit pas une minutieuse enquête, il provoqua en duel celui qui compromettait l'honneur de sa sœur, et le tua.

Quelques semaines plus tard Scarron retrouvait sa « douce Lavardine » toujours souriante, toujours brillamment courtisée : le Comte de Tessé avait pris la dangereuse place vacante de premier chevalier servant.

Dans son château de Vernie ce riche Seigneur traita noblement l'Infante et sa suite, et cette réception le rendit fort sympathique à notre petit Abbé. Mais, instruit des périls qu'on courait à compromettre la jeune fille et désirant violemment jouir de sa complète intimité, le Comte ne tarda pas à l'épouser. Joie pour Scarron de voir dignement s'établir sa petite amie, joie que matérialisèrent les fêtes magnifiques accompagnant les noces. Et le vœu de bonheur qu'il forme pour les jeunes époux éclate dans ce délire trivial :

> Enfin l'Infante Lavardine
> Est la femme d'un bon mari.
> Enfin un Comte favori
> Lui tâte quand il veut de la main la poitrine.
> Mais elle peut pareillement
> Lui tâter l'estomac, elle peut mêmement
> Lui passer la main sur l'échine.

O bienheureux amants, vos ennuis sont passés,
O Comte fortuné, riez, sautez, dansez !
Riez, sautez, dansez, Comtesse fortunée !

Que du ventre d'où sort l'eau chaude que pissez
Puisse bientôt sortir une heureuse lignée !
Hymen, io, hymen, ô hyménée !...

En même temps la lyre amie et rivale de Tristan
l'Hermite émettait en l'honneur de la jeune Comtesse
une musique plus calme et plus délicate :

> Le bruit que vous venez ici
> A semé des fleurs de souci
> Sur des teints de lys et de roses.
> Mais Paris a peine à penser
> Que vous lui voulez effacer
> Tout ce qu'il a de belles choses.

Ainsi de Tessé emmena son épouse vers un séjour
plus mondain, Lavardin retourna aux armées, et la
misère de Scarron perdit ces précieux tuteurs. D'ailleurs la névralgie assoupie avait de courts mais violents
réveils qui entretenaient le souvenir de sa présence
menaçante. De viandes épicées et faisandées, de bois-
sons fermentées le malade faisait son régime habituel.
Il espérait qu'un traitement aussi raffiné octroyé à
ce corps qu'il chérissait en rehausserait l'énergie.
Confiance fragile, idées fausses qui feraient frémir la
conscience d'un médecin moderne, mais que les autorités savantes de l'époque accréditaient. Le résultat :
l'embonpoint du petit bonhomme prit un resplendis-
sant essor, mais les réveils inquiétants de la douleur
devinrent plus fréquents, plus longs, plus intenses,
plus démoralisants.

Pendant les journées de crise il en vint à perdre

complètement la possibilité de se supporter sur ses jambes. Il restait dans sa chambre criant férocement, comme un jeune lion pour la première fois soumis à la paralysie d'une cage. Son amour de la vie active, sa jeunesse encore brûlante, le sang ardent qui bouillonnait en lui, ces forces organiques puissantes que la maladie laissait intactes, hurlaient contre ces longs internements.

Puis par une volte face de son attention, il se mettait à réfléchir silencieusement, gravement, sur son cas, à supputer raisonnablement les chances que l'avenir lui réservait. Alors, dans ce calcul fait de sang-froid, son optimisme toujours présent recouvrait toute son autorité. Allons donc, comment ! Se décourager pour une niaise douleur, presque immatérielle, peut-être imaginaire, en tous cas qui ne laissait aucune trace palpable. Et quand il était ainsi rasséréné, son sens du comique se manifestait vite contre lui-même. Il raillait ses membres gourds, ses sueurs de douleur et d'effroi, son corps de « cul-de-jatte ». Les amis venus pour le plaindre étaient contraints par sa verve de rire avec lui de ses misères.

L'intervalle de bien-être arrivait, et il jetait furieusement dans la vie ce corps rescapé. Un jour du début de 1640 il apprit qu'il avait gagné son procès contre Julien Melot ; c'en était fait, il était chanoine en titre et les joyeux écus de la prébende tant souhaitée allaient se transformer pour lui en douces manifestations de la volupté du monde. Quelle débauche on fit ce jour-là !

Mais la maladie renouvelait rapidement ses tragiques visites. Il sentait l'approche de la crise à un imperceptible picotement, presque un chatouillement d'abord, qui s'enflait crescendo, comme le murmure léger d'un orage qui arrive. C'était vite la folie hurlante de la douleur qui secouait comme un frêle vaisseau cette pauvre carcasse grinçante. Et la souffrance est une isolatrice : les joyeux drilles qui aimaient la verve vivante, s'écartaient des cris de douleur.

Pourtant le hasard suscita au misérable la plus angélique des consolatrices. Une aimable forme féminine que son jovial entrain avait distraite dans un salon, consentit à le payer de sa présence aux heures noires de la souffrance. Pour la première fois de sa vie, Scarron, dans les minutes conscientes qui séparaient ses hoquets douloureux, prit de la femme une image exempte de toute grivoiserie. Un visage splendide au teint éclatant, duquel il n'osait aspirer d'approcher son visage ; des lèvres carminées qu'il ne songeait pas à mordre de baisers ; des yeux bleus purs qu'il n'aurait pas voulu rendre brillants de passion ; une gorge, une nuque, une taille qui se penchaient sur lui sans que ses doigts esquissassent le geste d'une voluptueuse palpation.

Et cette Marie de Hautefort qui adoucit ainsi les souffrances de Scarron par son seul aspect, ce n'était que l'amie du Roi Louis XIII ! Car vraiment une chaste amitié liait le monarque maladif, timide, taciturne, méfiant, et la belle saine jeune fille qu'il avait remarquée un jour parmi les suivantes de Marie de Médicis. Mais dans cette cour où les nobles, privés de leur puissance militaire, employaient leur temps à édifier des intrigues, il n'était pas possible de devenir simplement, impunément la confidente du Roi. Après une première disgrâce durant laquelle Richelieu la remplaça d'office dans son rôle d'amie du Prince par Mademoiselle de La Fayette, elle connut un retour de faveur éclatant.

Maintenant elle subissait au Mans un nouvel exil, dont elle atténuait l'amertume en dépensant son temps tantôt en pieuses et charitables occupations, tantôt en divertissements mondains, danses, comédies, musique. Riche des péages du pont de Neuilly dont la faveur royale lui avait fait attribuer la jouissance, elle vivait brillamment. Elle devint vite le point de mire de l'élite de la société mancelle.

C'est cette consolatrice d'un Roi que l'on voit passer près du chevet de Scarron. Puis quand il semble rétabli, mais sans espoir, brisé, endolori encore, c'est elle qui réchauffe son goût de la vie.

Le pauvre chanoine passa des heures d'hiver bien douces dans l'hôtel que Marie de Hautefort habitait au Mans. Dans le grand salon sombre dont le feu de bois flambant n'éclairait qu'un petit espace où l'on se tenait tapi, il restait longtemps rêveur à regarder pieusement le jeu de la lumière et des ombres donner mille aspects changeants aux cheveux dorés de sa divine amie.

Il devait toujours se rappeler avec un plaisir mêlé

de mélancolie cette période de souffrances si tendrement bercées.

> Hélas... Que vite fut le cours
> De ces irretournables jours,
> Pendant lesquels j'eus l'honneur d'être
> Connu de vous, et vous connaître...

Comme le Scarron de ces instants là diffère du petit
abbé paillard qui remplissait la même ville du bruit
de ses esclandres. On parlait littérature et la douce
Marie par la persuasion de sa grâce le faisait revenir
sur bien de ses partis pris. Elle l'initiait à toutes les
subtilités des sentiments qu'il prétendait traiter en
matérialiste brutal. Elle opposait le ton sérieux de
ses répliques, fermes dans leur aménité, aux boutades
frivoles, souvent grossières. Parfois pourtant lorsqu'il
avait trouvé quelque rapprochement grotesque, quelque trait d'esprit bien piquant, elle ne pouvait s'empêcher de sourire, et Scarron avait la joie de voir se
creuser dans ses joues fraîches, deux petits trous ronds
qui lui semblaient dignes seulement des baisers des
anges.

Malgré les sursauts multiples de son naturel dévergondé, cette tendre présence avait sur lui une maîtrise
assagissante. Il le sentait bien lorsqu'il rimait pour
Marie ces deux vers :

> L'air qu'auprès de vous on respire
> Aux esprits les vertus inspire.

— « Quel est donc à votre avis le rôle essentiel de l'homme ici-bas ? lui demandait-il un jour, avec une espièglerie furtive au coin des lèvres.

— « Adorer Dieu et respecter sa loi. Tout le reste est secondaire.

— « Fort bien. Mais quand vous recevez un présent d'une personne qui vous est chère, votre premier souci n'est-il pas de le mettre à la meilleure place dans votre chambre, de veiller à sa conservation, de le soigner avec tendresse. Or ce Dieu que nous chérissons nous a donné le vie, entretenons-la donc, développons-la, dilatons-la pour le mieux. Voilà notre rôle...

— « La vie n'est que le bref passage d'une âme dans un corps. Vous voudriez soigner l'écrin et délaisser les joyaux !...

— « Alors, belle Madame, les bals, les promenades, la musique, tous ces plaisirs purs mais futiles dont vous raffolez, vous les destinez à votre âme ?

— « Non, railleur, mea culpa...

— « Ne vous humiliez pas. Nous sommes bien d'accord : l'âme fait son salut par les pieuses pensées, le corps doit trouver le sien dans la jouissance qui est sacrée.

— « Vous blasphémez.

— « Oui, je blasphème, et j'ai tort, pardon. Mais les saintes choses dans leur froide sévérité appellent le rire comme les cimes majestueuses des chênes attirent la foudre... »

Quand on effleurait la politique, il remerciait en son for intérieur le Cardinal-Duc qui lui avait procuré cette exilée si précieuse, mais à haute voix pour venger Marie il improvisait des satires mordantes contre le tyran. Cependant, silencieuse, Mademoiselle de Chémerault, l'amie, la suivante, la compagne, écoutait attentivement, pour en rendre compte à Richelieu, le bavardage puéril de ses inoffensifs conspirateurs.

Une servante apportait la collation et le petit chanoine ventripotent songeait que la vie était encore douce à vivre.

Pourtant il ne retrouvait pas cette insouciance, cette gaîté inextinguible qu'il avait jetée au vent. Ses jambes étaient molles ; son torse avait peine à se redresser.

Si son cerveau et son cœur avaient l'ardeur de l'enfance, son corps était déjà bien gourd à traîner ses trente ans.

II

DEVANT LE RELIQUAIRE DE BOURBON L'ARCHAMBAULT

Paris exerçait un attrait persistant sur les rêves de notre Manceau malgré lui. En dépit de cette existence provinciale stabilisée par une bonne charge, par une place brillante dans l'élite sociale, son besoin de mouvement le poussait à aller faire une incursion dans la capitale. D'autre part, il entendait vanter les traitements de médecins parisiens, il se rappelait les savants raisonnements de ces gens qu'il avait entendus expliquant par des théories cohérentes le mouvement des humeurs ou la doctrine animiste. Le malade en lui étouffait le sceptique, si bien qu'un jour il débarqua du coche et alla reposer son corps meurtri par les rudes cahots chez un ami qui logeait dans la paroisse Saint-Jean-en-Grève.

Car sa famille n'habitait plus Paris.

L' « apôtre » hurluberlu s'était attiré une fâcheuse mésaventure. Quand Richelieu avait présenté au Parlement, pour faire face aux besoins du trésor royal appauvri par la guerre, un édit créant seize nouvelles charges de maîtres des requêtes, le conseiller Scarron avait pris la tête du mouvement de rébellion. Ravi de tenir un rôle de premier plan que ses collègues lui abandonnaient volontiers, il avait eu le périlleux honneur de prononcer la harangue qui résumait le sentiment de la hautaine compagnie. Quelle joie de développer en phrases bien équilibrées, avec des effets oratoires habilement ménagés, la tradition des Parlements qui veulent et doivent détenir dans l'État la fonction de conseils de gouvernement. L'édit ne fut pas enregistré. Mais cette satisfaction d'amour-propre devait se payer cher. La Bastille aux comparses, l'exil à l'instigateur, telle fut la sanction de principe.

Pourtant l'exécution tardait et l' « apôtre » espérait que son incartade n'aurait pas d'autre suite, quand il reçut une lettre de cachet qui le privait de sa charge sous prétexte d'incapacité et d'intempérance. Françoise de Plaix multiplia les démarches bruyantes à tort et à travers, plus néfastes encore qu'inutiles. Le magistrat, redevenu le timide empêtré devant les faits réels, ne put que pleurnicher vainement, d'abord auprès du prieur des Roches intendant du Cardinal, puis auprès de Richelieu lui-même. Tout ce qu'il obtint fut le remboursement par son successeur des quelque cent mille livres qui représentaient le prix d'acquisition de sa charge. Muni de cette somme, bien qu'on l'autorisât à demeurer à Paris, il transporta sa famille sur son petit terroir de la Guespière, aux environs d'Amboise.

Scarron ne retrouvait dans la capitale ni cette marâtre dont il gardait un souvenir plus goguenard que rancunier, ni ce vieux père qu'il aurait aimé serrer dans ses bras. Il se mit à consulter les médecins, mais aucun ne préconisait d'autre remède que la patience, la diète, les purges, les saignées, le repos.

Un jour qu'il allait entendre la messe à St-Jean en Grève, il rencontra sur le parvis le poète La Mesnardière, un de ses compagnons des tournées joyeuses dans les châteaux du Maine. Ce souple danseur avait étudié la médecine et il avait donné des conseils qui avaient paru salutaires à des personnes de haute condition, telles que Gaston d'Orléans, Mme de Sablé, voire même Richelieu. Il promit à Scarron de lui confectionner un remède qui lui rendrait immédiatement toute son ancienne santé.

Scarron fut convaincu, il se coucha, avala la drogue et, plein d'espoir, en guetta fébrilement la lente digestion. Il ne gagna qu'une nouvelle et horrible crise, plus subite, plus douloureuse que toutes les précédentes. Il en sortit tellement plus affaibli, plus courbé, plus paralysé, que beaucoup de ses contemporains ont cru qu'il devait à cette malencontreuse intervention d'un rimailleur prétendu médecin, la maladie qui allait ronger sa vie.

En fait, le remède de la Mesnardière n'avait causé qu'une grande déception au trop confiant malade. Ce désespoir coïncidant avec une crise qui devait revenir fatalement, avait accru sa sensibilité, par suite augmenté la douleur et ses effets débilitants sur l'organisme.

A partir de cette époque Scarron ne put pratiquement plus marcher. Ses jambes se déformèrent, ses vertèbres dorsales atteintes se recroquevillèrent. Il était déjà ce misérable déchet humain qu'il devait peindre lui-même :

> Un pauvret
> Très maigret
> Au col tors,
> Dont le corps
> Tout tortu,
> Tout bossu,
> Suranné,
> Décharné,
> Est réduit
> Jour et nuit
> A souffrir
> Sans guérir
> Des tourments
> Véhéments !

On lui conseilla alors d'essayer les eaux de Bourbon l'Archambault. Il appréhendait de se faire véhiculer aussi loin, mais il s'obstinait à croire cette misère physique passagère, guérissable. Son optimiste imbattable lui faisait considérer comme impossible une telle laideur, une telle malignité de la nature.

Ce que souffrit ce pauvre corps ballotté par la diligence pendant des heures, au hasard des crevasses qui creusaient les routes, happé aux relais par des mains brutales, déposé violemment sur un mauvais lit où la nuit se passait sans sommeil, puis de nouveau jeté dans la caisse de bois oscillante — et cela pendant des jours, ce que souffrit ce malheureux être qui accomplissait ce pèlerinage comme un devoir envers la vie, il ne nous l'a jamais dit vraiment. Il n'a parlé de ce triste voyage que pour nous en souligner le grotesque et faire rire de ses peines de malade le méchant instinct des gens vaillants. Même quand il veut attendrir sur son sort un protecteur, il peint ses souffrances en images abstraites, légères.

Ce fut un déchet de vie humaine que les porteurs installèrent à l'Hostellerie de l'Image Saint-Jacques, en face de l'établissement thermal.

Mais, quand quelques jours d'immobilité eurent un peu effacé l'horreur de ce trimbalage, le petit avorton redressa sa taille, habilla de soie son corps maigri, peigna sa tignasse broussailleuse, promena dans les rues un visage curieux où le regard était vif, où l'espoir reverdissait. Et il se mit à examiner ce monde nouveau qui s'offrait à lui, cette ville sacrée de l'eau. L'eau dont il avait eu jusqu'alors la saine répulsion d'un délicat dégustateur de vins, et dont ici on faisait comme un élément divin ; l'eau dont il fallait s'imprégner tous les pores de la peau et se gorger le tube digestif.

Il s'attendait à trouver comme habitants de cette ville de régime une population de geignards souffreteux ; il fut agréablement saisi de rencontrer dans les rues des gens qui avaient toutes les apparences de la vigueur et donnaient tous les signes d'une belle humeur.

Scarron n'était pas de ceux que console le spectacle

d'une misère pareille à la leur, de ceux qui souffrent comme d'une sorte de jalousie du bien-être des autres, comme d'une sorte de honte d'être des exceptions infortunées à l'harmonie de l'univers. Au contraire, la laideur de son infirmité pesait moins sur lui s'il la sentait extraordinaire. Non pas que par charité il eût accepté de prendre pour son compte les misères d'autrui, mais elle lui était infiniment douce cette consolation de constater que, comme il l'avait cru jusqu'ici, la nature était bonne, la vie belle, les jouissances nombreuses, faciles et impunies.

Il résolut de suivre strictement les rites de la cure. Il pratiqua aussi fidèlement les bains balsamiques que le régime d'abstinence et de tempérance prescrit par son médecin.

Outre la série habilement alternée des clystères et des saignées, cette solution de continuité dans la débauche ne tarda pas à produire des effets salutaires : les douleurs s'apaisèrent et son corps retrouva quelque souplesse.

Alors il sentit le besoin de se divertir spirituellement, puisqu'il lui était interdit de rien tenter dans le domaine des sensations.

Les spectacles de ces beuveries aqueuses et de ces plongées populaires auxquelles il assistait de son hostellerie située juste devant les fontaines, lui donnaient des nausées. Il voulut changer d'horizon et essayer les ressources intellectuelles et artistiques de la ville. Il aima les maisons cossues perdues dans de grands parcs, il eut un sourire ironique pour les ruines des thermes romains, un coup d'œil distrait pour les monuments, un regard affectueux pour cette campagne sans prétention, modérément accidentée, qui héberge sans le forcer à faire des tours de cirque le petit cours tout simple de la Burge.

Mais ce qui intéresse Scarron, ce ne sont ni les pierres plus ou moins nobles ou patinées, ni les arbres divers, ni les prés, mais le matériel humain qui occupe les lieux ; ce qui l'amuse c'est de chercher sur des visages, dans des attitudes, au long d'une conversation, des oppositions, des raideurs qui allument son rire comme le heurt de deux silex crée des gerbes d'étincelles.

L'amitié de Marie de Hautefort lui ouvrit aisément l'accès du cercle des baigneurs d'élite. Il suivait en compagnie du comte de Béthune les bords de la Burge, promenade où les gens de condition se rencontraient. Avec le comte de Rantzau, qui soignait une blessure reçue au siège d'Arras, il prenait le chemin de l'établissement de bains. Chez la duchesse de Rohan, il s'exhibait dans ses exercices d'épigrammes ; avec le petit marquis de Vassé, il allait dans les bals non plus en acteur endiablé, mais en pauvre spectateur ratatiné dans un fauteuil, le regard vague. Et en lui repassait poignant le souvenir de son dernier bal, de cette folle mascarade de carnaval, tandis que ses sens échauffés enviaient le doux enlacement d'une taille audacieusement serrée qui ploie, le mouvant battement des cils qui répondent par un pudique consentement aux galanteries que l'on murmure.

Ses accès de tristesse étaient rares et la petite colonie le connut et l'aima vite comme un allègre libertin.

Pourtant les eaux de Bourbon ne donnaient pas tout le résultat qu'il en avait attendu. Le mieux être ressenti au début du traitement ne s'était pas développé. Il ne recouvrait pas la souplesse de ses jambes.

Alors, en homme qui a décidé de tout essayer pour sa guérison, qui ne s'embarrasse d'aucune opinion préconçue, qui veut croire tout possible, ayant échoué dans les soins matériels, il prit sans enthousiasme le chemin de la chapelle dite miraculeuse.

On apercevait de loin dans la campagne les dix-huit tours de l'ancien château fort du connétable de Bourbon, démantelé par le roi de France qu'il avait trahi. Les pélerins pénétraient dans la large cour en traversant sous une voûte sombre, humide, l'épaisseur de la muraille. Là ils se partageaient en deux groupes, selon que les attirait plutôt la vieille chapelle gothique simple et nue, ou la nouvelle chapelle que l'art de la renaissance avait pompeusement ornée de ses riches sculptures. Puis on descendait dans la crypte obscure, où derrière une grille d'or scintillait le fameux reliquaire, dans une odeur de fumée et d'encens, dans un silence que trouait seulement l'oppression d'un respect sacré. C'était un coffre si richement orné que la profusion immodeste des perles et des saphirs lui donnait comme une vulgarité de pacotille, choquante pour les délicats, mais qui transportait la foule d'admiration. Son contenu précieux, fragment de la croix du Golgotha, épines de la couronne de Jésus, irradiait du divin dans la pénombre.

Scarron se laissa tomber sur le sol moite, à côté des simples qui priaient.

« Jésus, pensa-t-il, je souffre, et tu es celui vers qui l'on se tourne quand on souffre.

« Hypocrisie ? Non, j'ai franchement vécu. Au Mans j'ai correctement usé de tes sacrements. Sans ferveur, diront les zélés ; c'est vrai, je n'avais nul objet pour des implorations, et l'imploration seule sait être fervente. Reconnaissant ? J'aurais dû l'être, mais la reconnaissance n'est pas humaine. J'ai beaucoup ri et beaucoup fait rire, n'ai-je pas ainsi créé une douce illusion de bonheur à ces créatures pour lesquelles tu t'es sacrifié ? Jamais nulle méchanceté n'a pénétré mon âme. J'ai aimé mon prochain selon tes préceptes, je ne pense pas t'avoir bravé en jouissant pleinement de la vie que tu m'as donnée. Si tu es Dieu, Jésus, rends-moi ma vaillance. Si tu n'es qu'un homme qui a souffert et passé, je te plains d'avoir si pauvrement joui de l'existence.

« Sacrilège, me crieront-ils, tes adorateurs serviles, et comment veux-tu être sauvé sans avoir la foi ? Non, Jésus, je n'ai pas la foi, je l'avoue, je le crie sans crainte, Dieu ne peut montrer des ressentiments d'amour-propre. »

Voilà ce que pensait le petit chanoine. Aucune parole ne sortit de ses lèvres. Il resta longtemps prostré patiemment comme dans les bains bouillants des thermes. Les images saintes dansaient devant ses yeux.

Il avait soif. L'odeur des pauvres sales faisait flotter de l'humilité dans l'air. Il resta longtemps hagard, abîmé comme dans une méditation sans fond. Puis il remonta péniblement à la lumière son corps toujours aussi lourd. Il regarda le ciel pur, il eut un haussement d'épaules, un soupir, un grand geste qui balaya le vent, puis il se mit à siffloter avec insouciance.

Il ne comptait plus que sur la seule force de résistance de son être, pour vivre gaiement une vie de souffrances.

III

LE « PORTE-GUIGNON »

Mais les termes de la prébende se dépensaient bien vite, et les besoins se précipitaient. Au Mans, le chanoine avait laissé des dettes qui menaçaient d'engendrer des saisies sur ses revenus ecclésiastiques. A Bourbon, il avait vécu largement. A Paris, où il rentra à l'approche de l'hiver il dut se faire héberger par son ami Busine, rue de la Tixeranderie. Il loua une chaise et se fit porter, à travers les rues riches du Marais, d'hôtel en hôtel pour renouer de puissantes relations. Mais son corps avait pris un trop minable aspect, que la gaîté forcée de sa conversation ne parvenait plus à racheter. Sa misère physique choquait les dilettantes de l'amour à la mode précieuse, dont les salons foisonnaient.

Toutefois il reçut de ci de là de bons accueils nourriciers. La Maréchale de Bassompierre, dont la peau flétrie semblait toute fière encore d'avoir reçu les baisers d'Henri IV, aimait la gaillardise de ses propos qui lui rappelaient le bon vieux temps. Le Comte de Blérancourt, frère de ce comte de Tresmes, dont Françoise Scarron avait secoué la libidineuse vieillesse, beau-frère de notre poète, en quelque sorte, le recevait volontiers à sa table. Mais la chère y était si maigre en dépit de la brillante fortune de l'hôte, que Scarron renouvelait peu souvent de semblables visites.

Il aimait mieux les repas de la Comtesse de Belin, bru de son libéral ami du Mans, mais l'atmosphère qui y régnait, un peu lourde de digne retenue, n'était pas celle où s'épanouissait le charme de son esprit brillant. C'était encore chez les Lanclos que la conversation prenait le tour le plus gaîment spirituel ; la petite Ninon qui n'avait que vingt ans animait les répliques de sa vivacité mutine. Son joli petit corps de fillette à peine formée, encore hors commerce, émoustillait les visiteurs qui se mettaient en frais d'esprit et de grâces pour elle.

Elle eut pitié de cette douleur refoulée qu'elle lisait en Scarron. Elle admira et aima son tempérament allègre. Si bien que, dans l'amitié qu'elle lui témoigna, il entrait beaucoup d'estime, outre cette sorte de rudoyante tendresse que les souriantes petites filles vouent facilement aux vieux chiens errants très laids.

Chez Marion de Lorme, Scarron passait encore des heures agréables. Il n'était plus candidat aux faveurs gratuites ou rétribuées de la belle courtisane, mais il aimait la franche animation de sa ruelle où se côtoyaient tant de gens de milieux divers.

Quand arriva l'été, il se décida à faire une nouvelle

saison à Bourbon l'Archambault. Il n'attendait pas beaucoup de résultats de cette seconde cure, mais il espérait du séjour bien d'agréables divertissements.

Car en cette année 1642, Gaston d'Orléans frère du Roi, souffrant d'une goutte légère, tenait à Bourbon sa cour joyeuse ; Scarron y avait ses entrées, lié qu'il était, par une ancienne camaraderie de cabaret, avec les poètes qui y gravitaient.

Le Prince choisissait dans le groupe bariolé de ses satellites quelques hardis compagnons, et partait anonymement en de glorieuses tournées, où l'on troussait les filles, où l'on cocufiait les bourgeois, où l'on défonçait les fûts, mettant de temps à autre l'épée à la main, quand des amours-propres froissés se jetaient au travers de ces esclandres. Scarron n'était plus que le barde passionné de ces épopées. Son invalidité l'empêchait de lutter sur la brèche : alors avec la fièvre indomptable des gens qui ne se battent pas, il encourageait les autres.

Ne pouvant prendre d'assaut les sensations, il devait se contenter bourgeoisement de les acquérir par ces petites négociations mesquines et hypocrites, qui constituent la politesse galante et la conversation mondaine. Il obtenait pour prix de sa bonne humeur et de ses anecdotes toutes crues, de bons repas et des champs d'expérience accueillants pour ses caresses ardentes mais incomplètes. Les femmes étaient curieuses de ce petit bonhomme malicieux auquel un langage émaillé d'obscénités rares donnait l'apparence attrayante du vice. Et bien des épouses vertueuses, dont les plus élégants seigneurs n'eussent pu franchir le revêtement de glace, cajolaient gentiment le pauvre impotent. De leur charité les mijaurées tiraient des satisfactions, dont beaucoup dépassaient celle du devoir accompli.

Lorsque Scarron réintégra Paris, il n'avait plus un sol vaillant. De la Guespière, son père le bombardait de plaintes et le conjurait d'essayer quelque démarche pour sa famille qui mourait de faim. En fait les exilés mangeaient à leur heure et leur sort matériel n'était en rien comparable à celui du petit chanoine attendant sa prébende. Pourtant il mit au service de son père sa seule ressource, son pouvoir burlesque, et il tenta de faire rire le Cardinal en l'apitoyant un peu. Il cisela une petite requête où il couvrait de grotesque les deux Paul Scarron, le majeur et le mineur. Pour l'un, il réclamait le pardon, en mettant les torts de la rebellion sur les autres conseillers exilés. Pour l'autre il demandait le bénéfice d'une grasse abbaye qui lui permît de soigner paisiblement ses douleurs :

> « Très humblement vous présente requête
> Un qui n'a pas beaucoup l'esprit en fête,
> Car de fortune il est trop malmené ;
> Fils malheureux d'un père infortuné,
> Paul, fils de Paul, à qui le nom d'Apôtre
> Sied maintenant bien mieux qu'à pas un autre,
> Car le bonhomme avec son hocqueton
> Se voit réduit à besace et bâton. »

Il apprit par l'intendant Le Masle que Richelieu avait souri. Il renouvela sa demande en l'enveloppant de flatteries outrancières et de protestations de fidélité.

Scarron n'eut jamais l'orgueil de maintenir une attitude que les événements rendaient dangereuse, inutile, stupide. Si, souvent, au cours de sa vie il brava les puissants, ce ne fut pas par désir de soutenir courageusement son opinion, mais par insouciance, pour le seul plaisir de poursuivre une idée plaisante. Il n'avait pas l'âme d'un martyr ; puérilement sans aucune hypocrisie il plie les genoux devant ceux qu'il a insultés, et il est tout étonné de ne pas recevoir d'eux un pardon immédiat et une pluie bienfaisante de faveurs variées.

Richelieu mourut sur ces entrefaites. Scarron présenta au Roi Louis XIII un nouveau placet pour les Scarron père et fils, appuyé par un appel à la protection de Gaston d'Orléans. Peu de temps après, une déclaration royale rétablissait dans leurs charges les parlementaires rebelles, non que le monarque eut été sensible à la poésie des rimes burlesques, mais libéré de la tutelle autoritaire du ministre, il inclinait à la clémence. Malencontreusement le Conseiller Scarron était mort un mois avant cette mesure de grâce !

Devant ces succès réitérés, mais toujours trop tardifs, de toutes ses requêtes, ces démarches pénibles, dont le jeu fuyant des événements tournait la réussite en échecs cuisants, Scarron eut l'impression d'une malchance attachée à tous ses actes. Il eut comme une croyance mystique que tout ce qu'il entreprenait tournait à sa dérision, que les gens auxquels il s'intéressait se trouvaient par là même, voués au plus malheureux destin.

> « Qui pis est, puisqu'il plaît aux cieux,
> Mon malheur est contagieux.
> Nul ne m'aime et nul ne me fréquente
> Que bientôt il ne s'en repente,
> M'aimer c'est se mettre au hasard
> D'être malheureux tôt ou tard.
> Après quoi j'ai droit de me dire
> Des vrais porte guignons le pire. »

Pourtant cette impression ne constituait pas une certitude consciente dont il se désolait, même dans cette période la plus noire de son existence, au moment où il n'avait pas encore acquis cette habitude lénifiante de la douleur, où le contraste entre sa joyeuse vigueur encore récente et sa triste invalidité présente était le plus dramatique. Il n'avait pas perdu tout son bel optimisme, mais, irrité de ce que les événements n'obéissent pas à ses caprices, il accusait Dieu ou le Destin.

Sans ressources, abandonné peu à peu de ses amis que sa dépression morale décevait, quêtant les invitations, achetant de brèves hospitalités avec des louanges rimées, le pauvre chanoine sans foi souffrait infiniment. Le souvenir de tous les compagnons brillants qu'il avait eus dans ses folles équipées passait dans ses heures solitaires et il griffonnait des papiers tantôt railleurs, tantôt vengeurs, tantôt amers.

Il accueillait avec crédulité toutes les promesses de guérison que des charlatans lui faisaient à tort et à travers. Il alla se loger rue des Saints-Pères, à quelques pas de l'hôpital de la Charité, pour suivre le traitement de bains de tripes qu'on prisait alors comme le meilleur moyen d'expulser du corps la paralysie :

> « Adieu beau quartier des Marets !
> C'est avecque mille regrets
> Qu'une très pressante besoigne
> Pour quelque temps de vous m'éloigne.
> Je vais au Faubourg Saint-Germain
> Tremper mon très sec parchemin
> Dans un bain qu'on tient salutaire
> A la douleur qui me fait braire. »

Avec dégoût, mais avec sérénité il accepta ces plongées répugnantes. Aucune amélioration n'en résulta.

Quant à ses intérêts matériels, Scarron voulut au moins tirer un bénéfice de la mort de son père trop tôt survenue et qui lui causait un sincère chagrin. L' « apôtre » laissait une succession de 20.000 livres de rente, qui devait revenir à tous ses enfants, du premier et du second lit. Mais Françoise de Plaix qui tenait depuis des années la caisse du ménage affirmait que le trésor était vide et l'héritage inexistant. Scarron la menaça d'un procès ; elle ne se laissa pas émouvoir. Elle savait bien que, pour soutenir avec succès des débats qui étaient toujours longs, il fallait des res-

sources que l'infortuné chanoine ne possédait pas.
Plus encore par haine de cette marâtre que dans l'espoir d'obtenir quelque satisfaction, Scarron entama
le procès. Pour payer les épices des gens de loi, il
n'avait pas un écu ; alors c'est à coups de placets, de
libelles agréablement tournés, cherchant tantôt à faire
rire les juges, tantôt à les émouvoir, tantôt à les indi-
gner, qu'il poussa tant bien que mal son affaire de
tribunal en tribunal. Enfin s'étant fort démené, il
réussit à obtenir de la chambre des requêtes un arrêt
qui lui donnait satisfaction.

Au moment de restituer une portion de cette petite
fortune dont la seule détention faisait tout son bonheur,
Françoise de Plaix mourut de fureur. Ses enfants inter-
vinrent immédiatement dans l'instance, jetèrent dans
l'affaire un homme de paille soi-disant créancier de
Charles Robin, mari de Madeleine Scarron, qui
obtint renvoi de l'affaire devant le tribunal de Castres.
Scarron ne pouvait envisager ni de se transporter dans
cette ville, à cause de son infirmité, ni de s'y faire
représenter, à cause des frais énormes qu'il en aurait
coûté. Il préféra encore, la rage au cœur, acquitter la
dette prétendue.

Alors on argua de l'incapacité juridique du mineur
Nicolas Scarron, pour compliquer la question et faire
annuler toute une partie de la procédure.

Les libelles de Scarron se heurtent à l'indifférence
des juges. Il élargit le débat et fait appel à l'opinion
en publiant son « Factum ou Requête, ou tout ce qu'il
vous plaira, pour Paul Scarron, doyen des malades

de France. » Clairement, avec un pittoresque brutal de descriptions et de portraits, il racontait cette farce dramatique. Ses adversaires, les magistrats, lui-même, tous les personnages gesticulaient sous des masques burlesques.

On rit beaucoup de ce petit factum, mais les gens de robe aimaient peu qu'on divulguât toutes les immondices que charrient les flots majestueux de la Justice. La tâche ne s'en trouva guère facilitée pour l'audacieux plaideur.

Les louveteaux aux dents pointues, issus de Françoise de Plaix, s'accrochaient à la proie, espérant qu'un jour prochain quelque foudroyante attaque de paralysie les débarrasserait de leur importun beau-frère.

Lui faisait face à cet acharnement cruel par des éclats de rire amers et son obstination croissait en même temps que la rage de ses adversaires.

> « Grand nez digne d'un camouflet,
> Belle au poil de couleur d'orange,
> Mâchoire à recevoir soufflet,
> Portrait de quelque mauvais ange,
> Face large d'un pied de roi,
> Gros yeux à la prunelle grise,
> Tu veux donc plaider contre moi
> Jusques à manger ta chemise ?
> Ha ! si tu gardes ton serment,
> Soit que je gagne ou que je perde,
> Que j'aurai de contentement
> A te voir manger tant de merde ! »

C'était une lutte à mort que se livraient ainsi, à travers les lianes touffues des jugements contradictoires, dans la tropicale forêt de la procédure, les farouches enfants de l' « Apôtre », comme pour célébrer un culte étrange à ses mânes chicanières.

LE RiRE CRÉATEUR

I

LE MALADE DE LA REINE

Tant que Scarron avait pressé de ses lèvres toujours avides la pulpe juteuse de la vie sensuelle, ses rimaillages n'avaient été que les cris de joie désordonnés d'un moineau piailleur. Quand l'invalidité eut fait un sédentaire de ce turbulent, bien malgré lui l'étourneau fut contraint de réfléchir. Les idées et les images qui fermentaient à profusion dans sa folle cervelle eurent alors tout le loisir de s'apaiser, de s'ordonner. Ses longues heures de solitude furent meublées de lectures variées.

Et la pensée que des productions littéraires étaient choses monnayables ne fut pas un léger stimulant de son activité. Ainsi, par une transformation toute naturelle, le libertin devint peu à peu un laborieux.

Il loua une petite chambre dans le Marais, quartier qu'il quitta souvent et où il revenait invinciblement. Il aimait ces ruelles sombres et calmes qui tissaient autour de la Place Royale leur réseau cossu d'hôtels aristocratiques.

Chez lui on se réunit tout d'abord pour bien manger. Son estomac avait échappé à toute déchéance, et il était non seulement heureux de l'intégrité d'une muqueuse, qui le reliait à toute une série de voluptueux chatouillements du monde extérieur, mais encore il en était fier. Fier, comme ces familles ruinées qui conservent encore un meuble, un chandelier luxueux, témoin de la prospérité de jadis. Il était artistement gourmet, mais cela ne suffisait pas à sa gloire, il voulait être un goinfre et passer pour tel.

Ainsi, il prit en grippe ce Pierre de Montmaur, professeur de grec au Collège de France, principalement pour sa réputation de gros mangeur. Et il se jeta dans les bras de Ménage, qui allait entreprendre contre le savant pédagogue, dont il ambitionnait la chaire, une polémique acharnée. C'est cette alliance offensive qui explique l'intimité étonnante de ces deux personnages dont les caractères s'opposaient. L'un guindé dans un pédantisme impassible, l'autre tout vibrant d'émotions sensuelles ; l'un traitant, la littérature comme une science objective, l'autre comme l'art de présenter sous un pittoresque comique les aspects de la vie.

Mais les deux compères entreprirent de concert l'assaut contre ce parasite qui voilait leur gloire et suçait à leurs dépens le sang nourricier du grec ou des banquets. Ménage en une lourde prose latine, Scarron en vers voletants, bafouèrent gaillardement le pauvre Montmaur :

« Animal inrassasiable,
En été même indécrottable,
D'un visage effronté, d'un regard furieux,
Pédant le plus haï qui soit dessus la terre,
Fais-toi pendre ! Aussi bien chacun te fait la guerre :
Peut-être que dans l'air tu réussiras mieux ! »

A leur suite, tous les teneurs de plume qui se sentaient la verve polémique voulurent exploiter ce filon de succès. On inventa des mots, des boutades, des anecdotes, des faits d'armes gastronomiques, des coqs-à-l'âne que l'on attribuait à l'affamé magister.

Lui restait calme au milieu de cette lapidation. De temps en temps au cours d'une conversation, il trouvait l'occasion d'asséner sur l'un de ses persécuteurs quelque formidable réplique longuement mûrie. Un instant alors la foule moutonnière des rieurs se rapprochait de lui, mais l'adversaire giflé, stimulé par la colère, finissait bien par reconquérir ses ouailles.

Chez Scarron on commentait sans fin les escarmouches de cette bataille. Le bon moral des combattants était entretenu par la dégustation des quelques fines bouteilles offertes à l'hôte par de généreux visiteurs, et par l'adoration active des chapons savamment nourris que Marie de Hautefort expédiait du Mans à son protégé.

Les envois du Maine arrivaient périodiquement à jours fixes. Scarron convoquait par billets rimés des compagnons épicuriens de choix ; et on ouvrait le paquet solennellement devant toute l'assistance : un gigantesque pâté, des pruneaux veloutés, de « vénérables corps de chapon ». Alors fusaient des cris de joie, d'admiration, de gratitude :

> « En le mangeant chacun avec effort
> Criait : Vivat l'illustre Hautefort ! »

On dressait la table, on plumait les bêtes, on les faisait rôtir à la broche. Les invités étaient leurs propres valets, les tâches se distribuaient rapidement dans l'allégresse générale ; et le festin était vite prêt. Ensuite sous l'influence des bouffées de chaude reconnaissance que la voluptueuse digestion lançait vers son cerveau, le gourmet rimait des remerciements à sa nymphe mancelle, ou à sa jeune sœur la petite d'Escars qui était chargée par elle du ravitaillement de la colonie parisienne. La jeune fille répondait aux vers par des vers adroits où elle célébrait comme une épopée l'assaut glorieux que l'infirme et ses preux avaient donné à la forteresse savoureuse.

Voilà comment Scarron s'efforçait d'endormir ses douleurs. Mais il était toujours sans ressources, et son appétit de jouissance, qui s'était transformé en un besoin de bien-être, n'en était pas moins dispendieux. Pour consolider sa situation il eut encore recours à sa sainte amie Marie.

Anne d'Autriche avait envoyé quérir au Mans la jeune fille peu de temps après la mort de Louis XIII ; elle avait besoin de son humeur égale et enjouée pour la distraire des ennuis sinon des chagrins du veuvage.

Scarron avait voulu aller au devant de l'exilée qui revenait, mais il était en pleine crise, il se borna à saluer
son retour en grâce d'une élégie affectueuse :

> « Le Mans est bon aux Manceaux et Mancelles,
> Mais l'élément des illustres pucelles
> Telle que l'est cette dame d'atour
> Ne fut jamais que Paris et la Cour. »

Bientôt elle fut réinstallée au Louvre dans sa fonction de dame d'honneur de la régente. Elle eut même
parmi ses paires la faveur enviée du tabouret, le droit
de s'asseoir aux pieds de la Reine durant la toilette ou
les entretiens particuliers.

Scarron ne manqua pas de s'enthousiasmer familièrement de ce bonheur :

> « Que les hommes n'ont pas pareille destinée,
>   Et que vous êtes née
> Sous un astre puissant et favorable aux culs !
> Tandisque le vôtre est, près de ceux des princesses
>   Assis sur ses deux fesses,
> Le nôtre n'est assis que sur deux os pointus. »

L'infirme fit l'effort d'aller lui rendre visite. Muni du
nom de sa bienfaitrice comme d'un mot de passe magi-
que, vêtu grotesquement de son justaucorps noir
fripé et rapé, garni de fourrure poussiéreuse, coiffé
de son ridicule bonnet rouge, traîné par deux porteurs
sales en guenilles, il parvint pourtant à se faire admettre
dans les appartements des suivantes. Mais quand ces
jolies filles cruelles eurent aperçu le petit gnome affalé

sur une banquette dans un coin, effrayées comme par la vue de quelque pustuleux crapaud, elles se sauvèrent en poussant des cris d'épouvante, et le firent chasser par les laquais, en dépit de ses gémissantes protestations.

Dans sa chambre, Scarron disséqua son chagrin : le mignon petit abbé poudré, frisé, était devenu un objet d'horreur. Son aspect avenant jadis lui ouvrait toutes les portes. Sa seule vue maintenant le faisait chasser, même protégé de l'amitié glorieuse d'une sainte comme par un talisman. Il écrivit alors à la brillante vierge qu'il n'avait pu atteindre.

Le lendemain il recevait un billet lui promettant une audience de la Reine.

Quel émoi ! Scarron avait beau railler les **grands**, tant qu'ils étaient lointains, comiques dans leur vaine puissance, incohérents et injustes dans leurs mesquines combinaisons, l'idée de mettre son corps tordu en présence de la majestueuse souveraine coupait sa joyeuse impatience d'un peu de timidité.

Il soigna sa toilette et son habillement et se fit porter au Louvre. On l'introduisit auprès de la Reine qui conversait amicalement avec Marie de Hautefort. Il fut d'abord coi, oppressé par son émotion. Puis il se remit, aidé par les sourires de la jeune fille, et par l'intérêt qui semblait s'éveiller dans le regard de la Reine d'abord un peu hautain, un peu distrait.

Bientôt ses propos devinrent plus naturels, plus enjoués, plus fleuris de mots curieux, d'images amusantes et ses bras prirent une gesticulation plus éloquente que respectueuse. En même temps sa raison pratique reprenait ses droits. La conscience qu'il jouait son bonheur dans cette courte entrevue rendait à ses réparties toute l'habileté prudente de l'avocat d'une cause grave.

Les questions qui tombaient des lèvres de la Reine comme de rares gouttes d'eau suintant de la roche, déchaînaient chez lui des cataractes d'explications qu'il s'efforçait de rendre plaisantes. Il émaillait ses réponses d'allusions aux faveurs qu'il demandait, tantôt brutales comme un coup de massue, tantôt discrètes comme les gestes d'un escamoteur. L'appui matériel et moral permanent de la souveraine sous la forme d'une sorte de charge, la charge de « malade de la Reine » qui comporterait une pension et un logement d'officier de la Couronne dans le Palais du Louvre, enfin pour sanctionner sa situation ecclésiastique, une petite abbaye à bénéfice simple, « si simple qu'il n'y eût qu'à croire en Dieu pour le posséder », — tels étaient les désirs du gourmand courtisan.

Anne parut séduite et apitoyée. Elle ne promit rien, mais elle lui donna en guise de congé un franc et large sourire qu'il emporta la joie au cœur, en ronronnant cette strophe qui émanait spontanément de son admiration naïve :

> « Elle avait au bout des manches
> Une paire de mains si blanches,
> Que je voudrais en vérité
> En avoir été souffleté,

> En dût ma face jà flétrie
> En paraître toute meurtrie. »

Il ne restait plus qu'à réaliser tout ce potentiel d'avantages savoureux. Scarron écrivit de nombreux billets à Marie, où il joignait des stances destinées à la Reine. Mais, emporté par cette facile cupidité, il eut l'imprudence d'enfler sans cesse ses désirs. Il présentait, comme les plus charitables des bienfaits ceux qui s'adressaient à sa misère. En soignant le seul Scarron la Reine — à ses dires — aurait largement accompli son devoir d'assistance envers tous ses sujets :

> « Car en ma petite personne,
> O Reine aussi belle que bonne,
> Vous fonderez en la logeant
> Un hôpital en peu d'argent. »

Mais que de soins et de bien-être ne demandait-il pas ? — Pour endiguer ce flot de sollicitations la régente lui fit verser cinq cents écus. C'était beaucoup moins qu'il ne l'espérait. Mais sur le moment il ne put résister à l'attrait de la petite somme à percevoir immédiatement ; il s'enthousiasma en réalisant dans son imagination tout ce que ces petits sacs d'écus représentaient de possibilités heureuses.

C'est seulement quelques années plus tard, qu'il parvint en se faisant appuyer par le commandeur de Souvré à faire transformer cette allocation exceptionnelle en une pension annuelle viagère. Il obtint alors véritablement une charge de « malade de la Reine », il fut inscrit régulièrement comme officier de la Couronne. Les sommes qu'on lui versa ne furent plus ni des aumônes, ni des récompenses, mais les justes revenus de la fonction dont il était le titulaire.

Maigre pension malgré tout pour les mâchoires gaillardes du paralytique. Et tout officier qu'il était, il n'en murmurait pas moins :

> « O grande Reine Anne d'Autriche
> Il court un méchant bruit de moi :
> On dit que je ne suis pas riche !
> On dit si vrai que je le crois. »

II

PREMIERS PAS EN LIBRAIRIE.

Les éditeurs épiaient le succès rencontré dans les
ruelles et les salons par les requêtes, les sonnets, les
épigrammes du burlesque qui circulaient soit sous
forme de minces brochures, soit plutôt de bouche en
bouche comme une allègre tradition. Ils sentirent là
une ressource à exploiter. Ils secouèrent la paresse du
poète, lui firent entrevoir des gains importants. Enfin,
en 1643, ayant tant bien que mal réuni quelques œu-
vrettes dont il avait conservé le souvenir ou gardé la
trace écrite, corsant les pièces déjà anciennes de quelques
morceaux nouveaux, il fit mettre en vente anonymement, chez le libraire Toussaint Quinet son premier
ouvrage : « Recueil de quelques vers burlesques » suivi
des deux « Légendes de Bourbon ».

Les libertins amateurs de lettres reconnurent l'auteur
apocryphe et ce fut un concert d'acclamations. La foule
élégante s'amusa de cet optimisme pittoresque, de cette
façon de faire si simplement surgir le ridicule, de cette

grivoiserie galante, tantôt finement distillée, tantôt massivement étalée.

Scarron voulut faire sanctionner ce succès par des approbations plus officielles. Il chargea ses amis de recueillir des opinions sérieuses et dispersa des exemplaires dans le monde des puissances littéraires. Chose curieuse, le milieu pédant, sérieux, philosophant — la critique en quelque sorte, gardienne des règles, du purisme de goût et de forme — accueillit favorablement cet essai burlesque.

Ce qui sauva l'ouvrage de Scarron du courroux des docteurs, ce fut son peu de prétention. Autant ils se montraient férocement sévères à qui abordait le domaine saint de la tragédie, par exemple, autant ils faisaient preuve de bonhomie indulgente pour ce genre à côté. Ils regardaient ce petit recueil comme le bégaiement sans conséquence d'un enfant.

A l'abbé Pierre Costar, collègue de Scarron au chapitre de Saint-Julien du Mans, qui lui demandait son avis, le méditatif Balzac, grand maître à cette époque de la gent littéraire, voulut bien répondre qu'il avait beaucoup ri. Il accompagnait sa lettre d'aimables paroles pour l'auteur, dont la résignation, la résistance à la souffrance lui semblaient miraculeuses. Cette opinion favorable enchanta Scarron, qui la publia en tête de la seconde édition de son recueil.

Encouragé par cette réussite, il entreprit immédiatement une épopée burlesque : le « Typhon ». Dès le début de son travail il la destina au cardinal Mazarin, dont il jugeait habile de se concilier l'influence croissante. Alors, avec acharnement, il travailla. Il fit passer dans ce petit poème, sous une forme mythologique qui sauvegardait les principes chrétiens du lecteur, un peu du ressentiment qu'il avait pour la divinité muette adorée par la foule. Il prit plaisir à déchiqueter ces Olympiens qui respirent insouciamment les fumées des sacrifices, et laissent gémir sans pitié l'infinie douleur de la terre.

Pendant des mois il piqua le papier d'épithètes rageuses, prenant comme une revanche de ses mystiques et vaines démarches de Bourbon l'Archambault.

Ses souffrances le harcelaient, mais il n'en trouvait que plus d'énergie pour cingler les dieux méchants de railleries amères. Souvent il défaillait de fatigue et de douleur, alors sans cris il laissait seulement tomber sa plume. Il fermait les yeux, et ses traits se contractaient horriblement.

Pour travailler le plus commodément possible, il s'était fait fabriquer un fauteuil, sur lequel on rabattait une tablette mobile qui l'enfermait complètement. Sur cette tablette il mangeait, il écrivait, il faisait poser ses coudes pour méditer ou sommeiller. Il finit par passer presque toute sa vie dans cette chaise grise. Quand on l'en extirpait pour le porter au lit, il n'était plus qu'un corps tordu en forme de z comme il disait lui-même, avec une grosse tête joufflue ballottant — le menton rivé à l'estomac. Ses yeux gardaient encore leur éclat moqueur, défiant ardemment la vie, sauf dans les instants de crise où ils s'embrumaient légèrement.

Quand il eut achevé son « Typhon », il rédigea une adresse dithyrambique à Mazarin et lui envoya un exemplaire luxueusement relié. Toutefois il commit l'imprudence de se servir du nom de Marie de Haute-fort comme d'un chaperon brillant :

> O grand Mazarin ! ô grand homme,
> Riche trésor venu de Rome...
> Si les petits vers que j'écris
> T'arrachaient le moindre souci...
> Je le jure, afin qu'on me croye,
> Par le chef de Saint-Hautefort,...
> Je me tiendrais aussi content...

Or la jeune fille n'était rien moins que sympathique à l'intrigant cardinal. La pure amie de la Reine s'employait en effet à briser en elle cet attrait invincible, fait d'abord d'estime, de reconnaissance, puis bientôt d'attachement charnel qui entraîne, avec l'inexora-bilité d'une loi physique, les femmes détenant le pouvoir dans les bras du plus intelligent ou du plus habile, du plus autoritaire et du plus brutal de leurs courti-sans. Durant les longues heures qu'elle vivait dans un tête-à-tête familier avec la Régente, elle prêchait par la religion, par la crainte, par l'histoire, l'horreur de cette avilissante liaison.

Mais que peuvent les paroles raisonnables sur ces courants irrésistibles qui naissent spontanément du rapprochement accidentel de deux êtres ?

La Reine couvrait de faveurs sa tendre amie, n'avait pas de secret pour elle, lui confiait souvent le jeune roi qui l'adorait, mais ne s'en laissait pas moins aller avec un abandon voluptueux aux forces qui l'entraînaient vers le prélat italien souple, musical et parfumé. Mazarin essaya de se concilier Marie par des prévenances respectueuses. Mais, pas plus que les galanteries brûlantes des ducs et des maréchaux qui convoitaient sa jeunesse gracieuse, la politesse enveloppante du favori ne put émouvoir la jeune fille. Elle vivait dans cette Cour sans participer à ses intrigues, sans prendre le goût des plaisirs. Le Cardinal rebuté décida de la chasser ; il réussit à la compromettre dans diverses cabales de courtisans, et lors de l'emprisonnement du duc de Beaufort, il peignit ses protestations véhémentes mais respectueuses comme un acte de rébellion. Pour plaire à son amant, Anne d'Autriche chassa Marie de la Cour.

Est-ce parce qu'il s'était vanté dans son exorde de l'amitié de Marie de Hautefort, dont le personnage irritait déjà Mazarin bien qu'il ne la combattît pas encore ouvertement ? Est-ce plutôt parce que l'homme d'État, tourmenté de soucis et d'ambitions, accordait peu d'attention à la littérature en général et surtout à ce genre de productions légères, qu'il comprenait mal et goûtait fort peu ? En tout cas Scarron en fut pour ses frais d'imagination et de reliure. Il ne reçut aucun remerciement, pas plus en monnaie de singe qu'en trébuchantes pistoles !

Alors il fit volte-face. Ce Mazarin qu'il était prêt à adorer lui parut hideux de lésinerie. Mais il était

encore prudent et il se borna à laisser transparaître
son dépit dans quelques sonnets intimes :

« Après que d'un style bouffon
Pur et net de pédanteries,
J'eus bâti mon pauvre Typhon
De cent mille coyonneries,

Avide d'or comme un griphon
D'or, d'argent ou de pierreries
Je le couvris, non d'un chiffon,
Mais de chiffres et d'armoiries.

Mon livre était ainsi paré
Et richement élabouré,
J'en régalai le n auvais riche...

Mais — ô malheureux Scarronnet ! —
Il n'en fut jamais un si chiche !
Déchire ton chien de sonnet. »

Ce revirement excessif de ses engouements, cette
prédisposition à cracher des éloges ou des injures à la
face des grands, selon qu'ils déliaient ou resserraient
les cordons de leur bourse, donnent du poète l'aspect
peu flatteur d'un mendiant, maître-chanteur.

Le défendrons-nous contre cette réputation ? D'abord
il est vrai que les principes de la morale ou de la décence
ne l'embarrassaient pas plus que les autres rimail-
leurs de son temps. La littérature vivait plus alors des
pensions royales ou privées, des aumônes en espèces
ou en nature, que des rendements commerciaux de la

librairie. Et puis il faut se représenter la misère de ce jeune homme, qui recèle dans un corps meurtri, vieilli, tous les appétits de jouissance d'un homme de trente ans, que la vie n'a fait qu'allécher pour se dérober brusquement à ses embrassements. Qu'importe pour lui que Pierre ou Paul règne, leurs personnages ne l'intéressent pas. Il va à eux naïvement comme à des sources de bonheur, il tend la main gentiment avec un sourire déjà reconnaissant. Si l'on ne paye pas sa démarche, il grogne, il crie, il trépigne. Il veut bien rire malgré les souffrances, il veut bien pardonner au Créateur cette injustice monstrueuse, mais il faut au moins que son estomac ne geigne pas de faim, que de bonnes bûches flambent dans sa cheminée, que des amis joyeux lui prêtent le spectacle des rires suscités par ses saillies, que de jeunes femmes lui permettent de contempler, sinon de goûter leur grâce.

D'ailleurs ce côté grognon du personnage de Scarron ne se manifeste qu'exceptionnellement, dans des crises intenses mais rares qui n'entament qu'en surface son optimisme toujours vainqueur.

A la solde des payeurs, il ne l'est pas. Quand l'envie lui en prend, il raille les riches et les puissants. Il bafoue les poètes flagorneurs qui vendent aux enchères leur immortel encens, qui distribuent leurs louanges selon un barême de marchands, aux yeux de qui « un brevet de demi-dieu va pour un habit de drap de Hollande ». C'est ainsi, qu'un jour pour affirmer un brusque sursaut d'indépendance, il adresse une épître à Guillemette, la petite chienne de sa sœur.

Pour tout l'or du monde on ne lui ferait pas écrire, dire ou penser ce qui lui déplaît. Mais son esprit malléable se plaît souvent à écrire, dire ou penser ce qui convient le mieux à tel grand seigneur qui le patronne.

C'est l'attitude noblement désintéressée en intention, vénale et mesquine dans la réalité, que de tout temps ont souvent prise les écrivains qui travaillent pour une foule, un public, un milieu, un parti.

III

LE CHANOINE ENNEMI DE DIEU.

Malgré ses goûts indépendants, son besoin de repos et de calme, l'infirme poète se décida à vivre en famille. Sa santé nécessitait des soins constants, et l'isolement était affreux pour ses périodes de crise. Il fit donc transporter dans la paroisse Saint-Gervais, rue des Douze Portes, chez sa sœur Françoise, son bagage de miséreux et sa chaire grise qui était pour lui comme la coquille d'un escargot.

Françoise élevait là les deux bâtards qu'elle avait eus du comte de Tresmes, deux petits garnements turbulents et brailleurs d'une dizaine d'années. Dans le même logis gîtait la pauvre Anne Scarron, veuve d'un brillant trésorier qui l'avait laissée sans un sol avec une fille à nourrir. Cette femme misérable tenait de « l'apôtre » l'amour des bonnes bouteilles, dont elle consolait ses soucis d'argent non sans quelque dommage pour sa bonne tenue et sa dignité.

La principale ressource de la petite famille provenait

des revenus que produisaient les donations inaliénables faites par le Comte de Tresmes à ses enfants. Scarron en bénéficiait peu. Toutefois il n'aurait nullement trouvé choquant de prendre quelque part aux subsides de son quasi beau-frère. Mais les autres membres du petit groupe suffisaient amplement à consommer les fruits perçus.

Au contraire, les deux sœurs s'appliquaient à tirer quelque gain de cette cohabitation. Elles obtinrent de Scarron le legs pour chacune de la moitié de ses droits dans la succession de ses parents. Anne se servit de cet avantage hypothétique pour doter sa fille ; quant à Françoise, elle lui extorqua en outre la donation de tous les meubles, vaisselles et monnaies qu'il possé- derait au jour de sa mort, contre la promesse de lui faire des funérailles convenables.

Scarron était très faible contre les sollicitations. Il ne savait pas résister aux prévenances intéressées qui quémandaient sans cesse. Il dispersa ses droits au profit de ses sœurs aussi facilement qu'il avait prodigué ses démarches pour obtenir la grâce de son père. Ce n'était pas qu'il fût spécialement bon, mais il lui paraissait contraire à la nature de refuser à ces créatures pleines de vie des biens que les procès ne rendraient jamais assez vite disponibles pour qu'il pût en jouir. Car il envisa- geait dès cette époque sa mort comme très prochaine, bien qu'il n'eût encore que trente-cinq ans. Il lui sem- blait normal que ses souffrances toujours plus fréquen- tes, plus répandues, que la décrépitude rapide de son corps eussent un terme prochain.

Vivant côte à côte avec ses sœurs, il s'abstenait pourtant de juger et de régenter leur existence. Il pardonnait à Anne ses soûleries, à Françoise ses amants. Il affectait même de ne vouloir se mêler en rien à leurs affaires ; son amour-propre n'était pas froissé du scandale de leur conduite, mais il lui paraissait inutile d'arrêter sa pensée ou sa volonté sur des faits qui lui étaient absolument indifférents.

Un jour, un importun lui demandait de l'appuyer auprès du comte de Tresmes, il lui répondit froidement : « Monsieur, ce n'est pas moi qui couche avec Monsieur le Comte de Tresmes, c'est ma sœur ».

Le recueil burlesque s'étant avéré lucratif, Scarron lui donna rapidement une suite que le public absorba avec la même facilité.

Puis il se rendit compte que le théâtre pouvait fournir de plus gros bénéfices, il se mit à faire une comédie. Il procéda comme beaucoup d'auteurs dramatiques contemporains : il choisit une vedette, un acteur qui plaisait au public, dont la seule apparition sur la scène de l'Hôtel de Bourgogne déchaînait des bravos, dont les jeux de physionomie, les inflexions de voix étaient guettés, savourés, applaudis. Ce fut en l'espèce le comédien Jodelet, spécialiste des rôles de valets farceurs. Voilà le héros ; pour lui Scarron tissa en quelques semaines une intrigue dont il puisa les éléments dans le texte espagnol de Don Francisco de Rojas. Ainsi naquit « Jodelet » ou « Le maître valet » qui fut un triomphe pour l'interprète et pour le créateur.

Ce nom de Scarron qui glissait déjà sur les lèvres moustachues des nobles parisiens avec l'accompagnement d'un sourire mi-libertin, mi-apitoyé, sur les lèvres pincées des précieuses avec un moue de pudique horreur, tamisée de lascive curiosité, ce nom — les gueules braillantes de la populace, les bouches sales des bourgeois apprirent à en articuler les syllabes hardies. L'amuseur de l'élite des ruelles devenait le marchand de rire de la foule. Sur un même rythme, les grosses bedaines et les ventres cinglés ballottaient follement ; dans un même épanchement, les voix rouillées et les ruisselets clairs, se précipitaient dans les gosiers contractés. Et pourquoi ? Qu'est-ce qui déchaînait cette force, qui extirpait les êtres dilatés de leur froide carcasse ? Rien... les farces stupides d'un valet !

Pour le même Jodelet, profitant de l'engoûment du public, Scarron écrivit aussitôt « les Dorothées » ou « le Jodelet souffleté » : c'était, dans la même forme, sur le même sujet, une nouvelle série de farces. Mais le succès fut beaucoup moindre, non pas qu'on se fût déjà lassé du genre, malgré les nombreuses démarcations qu'en prodiguaient les fabricants d'intrigues tant à Paris qu'en province, mais parce que la vogue personnelle de l'acteur commençait déjà à décliner.

Malgré cet échec, les comédiens de l'Hôtel de Bourgogne multipliaient leurs insistances auprès de Scarron pour qu'il leur donnât de nouvelles pièces. Mais lui qui n'éprouvait nullement le plaisir de la création, pour qui la réflexion était une fatigue, le travail un ennui, l'écriture une douleur, promettait beaucoup, mais fournissait peu. Il se laissa arracher encore cette année là « les Boutades du capitan Matamore », mais la nécessité de gagner sa vie lui pesait. Avec quelle joie il eût troqué le vain prestige de sa célébrité naissante contre les gras revenus d'une abbaye. Aucune ambition chez lui, il s'acquitte de sa tâche littéraire comme un manœuvre de sa besogne pour avoir son pain. Si parfois il éprouve quelque plaisir à façonner un sonnet, à mettre au point une boutade, à relire un passage réussi, dans l'ensemble il peste contre les rimes qui ne viennent pas, conte les idées qui s'enchevêtrent, contre les intrigues combattant de toute leur inertie l'intelligence qui les pousse dans la fissure étroite d'un dénoûment facile et enjoué.

A la Duchesse d'Aiguillon, nièce du Cardinal de Richelieu qui jouissait d'une grande influence, à Mazarin malgré le ressentiment qu'il avait du froid accueil donné au « Typhon », à la Reine dont il ne se contentait pas d'être le « malade » pensionné, Scarron dépêche requête sur requête.

Il lui apparaît qu'une seule de ces petites piécettes, adressée au bon moment, serait capable de lui rapporter plus d'argent et partant plus de bien-être que toutes les longues comédies du monde. Comme ces inconscients qui confient à la chance du jeu leurs dernières ressources, il épuisait son ultime énergie à rédiger ces suppliques qu'il chargeait le hasard de rendre fécondes.

C'est sur ces entrefaites qu'il se décida à faire le voyage du Mans pour assister au chapitre général de la Saint Julien. Son infirmité le dispensait d'une présence régulière au siège de son canonicat, mais les revenus de sa prébende s'en trouvaient sinon supprimés, du moins diminués de certains avantages attachés à la résidence, et même menacés dans leur totalité. C'est pour sauver cette prébende qui risquait de fondre qu'il se résigna à envisager de telles fatigues.

Les transports par coche lui avaient laissé un souvenir trop douloureux. Il se fit donc porter sur une sorte de brancard qui oscillait dans le vide entre deux chevaux. Les cahots de la route donnaient à ce véhicule un continuel balancement qui était fort désagréable, mais qui amortissait les chocs dangereux.

Ce fut ce lamentable attelage qui amena une loque de Scarron en cet hiver de 1646 dans la capitale du Maine où avait brillé son enjouement gracieux. De quelles tristes pensées s'accompagnait ce pèlerinage douloureux !

D'ailleurs Le Mans n'avait plus son aspect de bourgeoise cossue accueillante. Les gens se préoccupaient d'échapper aux lourdes taxes fiscales, et n'étaient nullement disposés à faire montre de leur fortune. Plus de réceptions brillantes, plus de bals, plus de festins.

De plus, au cours de ces quelques années la haute société s'était renouvelée, les amis d'autrefois avaient pour la plupart quitté le terroir et Scarron regrettait l'époque heureuse où les invitations dépassaient les loisirs. Maintenant il s'ennuyait, il s'acquittait avec régularité mais sans plaisir de ses fonctions ecclésiastiques.

Et surtout lui manquait la douce présence de Marie de Hautefort, dont le souvenir restait lié à la dernière année de souffrance et de sublime apaisement qu'il avait passée dans cette ville.

Après sa nouvelle disgrâce, la jeune fille s'était réfugiée au couvent des Filles de Sainte Marie, et elle vivait là, retirée de la vie mondaine, envisageant d'entrer prochainement en religion. Cette image de sa douce amie sous les voiles poursuivait Scarron dans son isolement :

> « Et là votre douillette échine
> Tâtera de la discipline !
> Cette action est méritoire ;
> Mais me voudriez-vous bien croire ?
> La seule méditation
> Sans cette fustigation
> Vous fera, la peau bien unie,
> Avoir place en la Litanie.
> Laissez donc en paix votre dos
> Sans le déchirer jusqu'aux os. »

Tout ce qui restait en lui de fermement attaché aux joies terrestres protestait contre cette décision imminente. Il lui semblait un crime contre la nature de consacrer à un rite austère et ascétique les possibilités immenses de jouissance que récélait ce corps divin, cette petite âme généreuse. Ce n'était certes pas à des satisfactions personnelles qu'il pensait, mais il voulait de toutes ses forces retirer à Dieu pour la rendre à la vie cette douce créature de chair vivante.

Alors ce fut une lutte qu'il engagea contre la force enveloppante du couvent. S'adressant tantôt à la raison, tantôt à la sensibilité de la jeune fille, exploitant tantôt ses forces de résistance, tantôt ses faiblesses, il la harcelait de lettres affectueuses parfois sérieuses, parfois badines. Il lui peignait la monotonie des règles, l'horreur des macérations, la sottise et la saleté des nonnes, la laideur d'une tête de femme impitoyablement rasée.

D'ailleurs, pour lui, mieux que lui, opérait le goût de la vie qui restait encore vivace chez la jeune recluse. L'extérieur la sollicitait sans cesse sous la forme de brillants cavaliers qui venaient lui rendre visite.

Finalement le monde l'emporta, et elle se décida à épouser le maréchal de Schomberg. Scarron exulta. Sans souffrir de la moindre jalousie à imaginer dans les bras d'un autre cette femme qu'il aima si profondément, il ne pense qu'au triomphe de la nature sacrée contre les vains holocaustes de la religion. Et il crie avec une bonhomie indécente :

> « Un beau Monsieur, belle Madame,
> De fille va vous faire femme...
> Encore un coup je ris bien fort
> De voir Schomberg et Hautefort
> Unis et joints l'un avec l'autre
> Comme deux grains de patenôtre. »

Mais, pendant que le glorieux guerrier cueillait les prémices de cette virginité, le malheureux poète adressait à Dieu ses reproches amers à peine voilés d'une chrétienne résignation :

« Tous les travaux du jour finissent avec lui,
La nuit fait succéder le repos à la peine.
Mais au lieu de repos, un plus cruel ennui
Est tout le bien qu'elle m'amène !

Je murmure souvent me sentant tourmenter,
Accusant de mon mal l'auteur de la nature,
Mais ce Dieu dissimule, et laisse dépiter
Son insolente créature.

Cet excès de bonté rend mon esprit confus,
Car j'ai trop mérité le tourment que j'endure.
Mais, pardonne — Seigneur — je ne murmure plus,
Que mon mal s'aigrisse ou qu'il dure.

Bénissant ton saint nom je fais ce que je dois.
Tu fais ce que tu dois, exerçant ta justice.
Mais augmente — seigneur — ma conscience et ma foi,
Si tu veux croître mon supplice ! »

IV

GLOIRE ET NÉANT.

Si l'équilibre matériel de Scarron demeurait bien instable, son renom prenait une assise de plus en plus solide.

Et c'est un fait frappant. Parmi cette foule obscure de manieurs de plume dont beaucoup étaient fort doués, instruits, laborieux, prolifiques dans leurs créations, appuyés sur le levier de la fortune ou de la noble naissance, le misérable roturier paresseux et infirme connut la gloire dès ses premiers ouvrages. Or ce Scarron dont la réputation se répandait dans tout le pays, dont les personnages d'élite de l'époque acceptaient et prisaient les louanges, dont les écrivains les plus cotés vantaient le talent, dont les autres mendiaient quelques vers pour patronner leurs œuvres — ce Scarron, qui, dans la masse, aujourd'hui connaît de lui autre chose que sa triste infirmité ?

On dira : les gloires dont la postérité refuse l'héritage sont de vaines gloires usurpées, nées au hasard d'un engouement passager, sans fondement, que la marée impartiale des générations successives balaye comme ces forts de sable construits par les enfants.

On dira : le renom de Scarron résultait plus du contraste étrange entre la jovialité de ses créations et la tristesse de sa condition, que de la qualité même de ses œuvres.

Mais ces explications ne contiennent qu'un élément de la réalité. La vérité est que Scarron connut dans une certaine mesure la vogue des novateurs, des révolutionnaires que l'activité ou la pensée d'une époque attendent inconsciemment et adorent dans une foi mystique dès leur apparition.

La génération de Corneille qui applaudissait à l'exaltation des nobles devoirs, avait besoin pourtant de rire au spectacle poétique des ridicules de la vie réelle. Comme les bébés rassérénés frappant rageusement l'image triste qui les a fait pleurer, la foule se vengeait de son émotion en raillant avec Scarron les personnages dont la raide générosité l'avait conquise malgré elle.

A son heure le poète burlesque venait jeter dans ses vers la vie plate, terre à terre, réelle, avec ses laideurs, ses cruautés, ses contradictions, ses ridicules, mais aussi son essentielle saveur.

Rire, c'est vivre avec intensité. Rire, c'est jouir de l'heure présente avec ce qu'elle comporte de supériorité, de stabilité, de raison, de la part de celui qui rit à l'égard de celui dont on rit. Rire, c'est prendre sa revanche des mesquineries, des injustices, des fausses notes de la vie sociale.

Le Burlesque apportait à la foule la matière de ces satisfactions. Il est classique de faire de Scarron un précurseur de Molière. Rien n'est plus juste, non seulement parce qu'il lui a fourni des sujets, des intrigues, des personnages, une certaine forme de répliques, mais surtout parce que son influence a mis le public dans un état de réceptivité qui lui a permis d'assimiler l'enseignement du grand comique.

Contre les préjugés, les vérités conventionnelles, son attitude se fera de plus en plus nette, de plus en plus provocante. Dans la mêlée où s'accrochent les adorateurs du sonnet de Job et ceux du sonnet d'Uranie, il se jette avec fureur prêt à recevoir les coups des deux partis en leur criant le ridicule de leurs disputes :

« Passe sur un Voiture et sur un Benserade
D'exercer la Turlupinade ;
Mais de mettre avec eux Job en capitolade,
C'est envers Job trop manquer de respect
Et grandement faillir aux sonneurs de rebec
Tant en leur plume qu'en leur bec. »

A ceux qui prônent la noble vertu romaine, il réplique en faisant un tableau des mœurs dissolues de ces citoyens à l'aspect rigide. Pour les zélateurs de la science, il proclame l'ignorance, la sottise, la prétention grotesque que masque le pédantisme.

Enfin, il est un poème épique que tous les contemporains tant soit peu cultivés ont lu, ont appris par cœur, ont commenté sans fin, l'Enéide. Il décida d'en faire une parodie et, en 1648, il publiait le premier chant de son « Virgile Travesty ». Il avait réservé à Toussaint Quinet l'édition des douze chants qu'il se proposait d'écrire très rapidement, moyennant le prix de mille livres pour chacun.

Ce fut à la première publication un enthousiasme général qui stimula l'auteur : en trois mois il avait achevé trois chants dont tous ses amis avaient surveillé et hâté la gestation. Puis son activité se ralentit.

C'est alors que le nom de Scarron devint réellement populaire. Ce succès dépassa les limites des salons et des ruelles pour gagner le cœur même du grand public ; bourgeois, nobles de province, étudiants.

La foule des lecteurs voulait connaître des détails de la vie de cet écrivain mystérieux qui, du fond de sa retraite, osait attaquer les autorités les plus consacrées. Les gazettiers de Paris et de la province, en peine de fournir des renseignements, tressaient des légendes sur le peu de données qu'ils avaient. A plaisir, ils l'amputaient tantôt des bras, tantôt des jambes, tantôt de tous les membres, ils en faisaient un petit gnome minuscule à la voix criarde, ou bien un gros bonhomme tout à fait valide qui se donnait la réputation de cul-de-jatte, simplement pour qu'on le laissât en paix dévorer des repas de Pantagruel, ou mener à huis clos des orgies monstrueuses de satyre.

Scarron riait de toutes ces fantaisies, mais en vue de fixer son personnage il fit graver par Stephano della Bella sa silhouette de poète au travail, qu'il publia accompagnée d'une description peu flatteuse mais exacte de sa physionomie. Cette mise au point parut

en tête d'un petit ouvrage que lui avait inspiré la mort
de Voiture. Il mettait en scène un combat livré aux
Parques par les ombres des poètes :

> « Parques, vous avez fait des vôtres !
> Celui qui valait tous les autres,
> Que j'avais moi-même élevé,
> Vous me l'avez donc enlevé,
> Vieilles gaupes, vieilles barbares
> Qui n'en voulez qu'aux hommes rares !»...
> ... Apollon ayant dit ces choses
> Très dignes des Métamorphoses,
> Il fit signe au cher Catullus,
> Au bon Horace, à Tibullus,
> A Marot son valet de chambre.
> Puis leur mit à chacun un membre,
> Ou nerf de bœuf entre les mains,
> Et leur dit : Sans être inhumains
> Vous pouvez sur ces malfaisantes
> Exercer vos dextres savantes. »

Ainsi, en l'espace de quelques années, le rimailleur,
mendiant sans gîte, qui revenait désespéré des eaux de
Bourbon l'Archambault s'était élevé au rang de chef
d'école, aimé, adulé, rien que par la force créatrice de
son rire, de son amour communicatif des jouissances
de la vie.

Et pourtant que d'heures douloureuses dans ce
triomphe, que de nuits de désespoir où son être protestait contre cette paralysie, cette vieillesse précoce
qui le privait d'air, de soleil, de mouvement, d'amour.

La vanité de ce renom brillant dont s'auréolait sa

silhouette lui faisait pousser des cris de rage. Seul avec lui-même il souffrait bestialement. Mais que quelqu'un entrât dans sa chambre, et la raillerie allègre rejaillissait de ses lèvres. Non qu'il jouât la comédie du rire, mais la seule apparition d'une créature humaine rallumait toute son énergie, comme ces catalyseurs dont la simple présence dans un contact chimique inerte détermine les plus vives réactions.

V

POLÉMISTE MALGRÉ LUI

L'effervescence populaire de la Fronde, née d'un nouveau sursaut de l'orgueil du Parlement de Paris, lui apparut comme une de ces crises d'audace vaine et folle, manifestation périodique du stupide amour-propre de la compagnie. Son père, et par suite sa famille, avaient payé les frais du spasme précédent, il n'aspirait qu'à s'abriter maintenant de la contagion.

Il se montra donc dès l'abord hostile à cette rébellion contre l'autorité qui le pensionnait. Il s'appliqua à grogner contre les étourneaux qui, sans se soucier des ennuis qui en résulteraient pour la sage population parisienne, menaient la guerre par désœuvrement. Il prit dans cette querelle le parti des estomacs qui souffriraient sans nul doute de la faim, si les hostilités se poursuivaient.

> « Ma foi nous en avons dans l'aile,
> Les Frondeurs nous la baillent belle.

> Male peste de l'Union !
> Le bled ne vient plus qu'en charrette :
> Confession, communion,
> Nous allons mourir de disette ! »

Toutefois cette révolte le satisfaisait quelque peu, en ce qu'elle était dirigée plutôt contre Mazarin, que contre la royauté. Au prélat italien il gardait une obstinée rancune de l'indifférence avec laquelle il avait accueilli son « Typhon ».

A toutes les armées il faut un cri de ralliement, des chants grisants qui endorment la raison, font raidir les jarrets et serrer les poings. Les hymnes de ces frondeurs, soulevés plus contre le manque de dignité de l'amant de la reine que contre ses actions mêmes, furent tous d'inspiration burlesque.

Mais le grand maître du genre se taisait. La foule des imitateurs n'en prenait que plus d'audace. Soit sous le nom inconnu de leurs auteurs, soit même sous le nom de Scarron on faisait circuler des libelles violents qui ridiculisaient crûment ce concubinage ignoble et officiel d'une reine de France et d'un aventurier.

Pour éviter tout soupçon, Scarron protestait de son loyalisme de pensionnaire de la Couronne. Aussi quand la première Fronde fut terminée, croyant avoir mérité de la Cour, il demanda à la trésorerie royale une avance d'un terme de son traitement. Comme de coutume, il appuya sa sollicitation de suppliques diverses adressées à tous les personnages qui avaient quelque poids dans la distribution des deniers royaux.

Or des mois se passèrent. A ce fidèle sujet, à ce serviteur si soumis de la Reine et de Mazarin, personne ne répondit. On avait trop mêlé son nom aux cris de guerre des frondeurs. Coupable ou non en intention, il l'était en fait pour la Cour.

Alors le débonnaire devint furieux ; mal payé de sa prudence il se fit audacieux. Il se mit, dans d'insidieuses petites réflexions dont il émaillait ses piécettes, à menacer le Cardinal de faire à nouveau éclater contre lui l'incendie de l'hostilité qui couvait.

Les deux mamelles nourricières où tétait sa prodigalité étaient sa pension de « malade de la Reine » et sa prébende de chanoine. Or privé de l'une, il manqua perdre l'autre.

L'évêché du Mans venait d'être attribué à l'abbé Philibert de Lavardin — ce jeune arriviste qui avait en même temps que Scarron suivi à Rome son oncle Charles de Beaumanoir. Le nouvel évêque n'était pas moins célèbre que son compagnon de route pour son goût et sa pratique de toutes les formes de la débauche.

Pour se donner quelque sérieux, à peine coiffé de la mitre, il appuya de son influence l'autorité temporelle qui soutenait les collecteurs d'impôts. Il aida les fonctionnaires royaux à mater la petite fronde locale qui agitait la province, et fortifié dans sa situation par cette intervention, il se mit à exercer une sorte de dictature dans le diocèse. Selon son bon plaisir, sans même une apparence de justice ou de raison, il administrait son évêché, tout en prenant sa large part des satisfactions physiques de l'existence.

Un jour ayant besoin d'un canonicat pour un ami, il biffa tout simplement Scarron des registres du chapitre, sans que le retînt l'ancienne camaraderie qui l'avait lié au poète. Ce dernier voulut saisir l'occasion de troquer son canonicat contre une abbaye, mais tout ce qu'il obtint fut d'être réintégré dans sa charge.

Force lui fut donc de reprendre sa plume et de travailler. Il ajouta quelques chants à son *Virgile Travesty* et fabriqua pour Jodelet une comédie bouffe *l'Héritier ridicule*.

Mais le mouvement frondeur venait encore empêtrer ses efforts, les troubles retiraient aux comédiens leurs clients.

C'est à cette époque que, las des continuelles criailleries dont se décorait la vie de famille entre ses sœurs et ses neveux, il se décida à prendre un logis personnel. Il alla s'installer dans un grand appartement de l'Hôtel de Troyes, rue d'Enfer, belle demeure profane dans un quartier peuplé de couvents sur la contrescarpe de la porte Saint-Michel, à la place qu'occupe actuellement l'esplanade qui sépare la grille du Luxembourg de l'entrée de la rue Soufflot. Les fenêtres s'ouvraient largement sur les jardins du Palais de Gaston d'Orléans.

Pour diriger son ménage, pour donner à sa personne les soins et l'aide constante réclamés par son état d'infirme, pour lui procurer le soulagement moral d'une présence continuelle, il alla rechercher cette Céleste de Harville-Palaiseau dont sa jeunesse de faune avait jadis savouré la virginité. La pauvre fille était vouée aux duperies. Vite abandonnée par Scarron, elle était tombée dans les bras d'un riche gentilhomme, un certain Roger, qui lui promit le mariage, la rendit mère, puis s'esquiva. Toutefois elle fut consolée de cette déception par un magot de quarante mille livres que dut lui payer son séducteur, et qu'elle s'empressa d'engager dans les opérations immobilières du couvent où elle s'était retirée. Le prix des constructions dépassa les prévisions des nonnes trop entreprenantes, d'où saisie, ruine, misère.

Cette épave sans beauté, que Scarron n'appelait plus que sœur Céleste, allait trôner en maîtresse de maison dans son nouvel et élégant logis.

Sa grâce déjà fort flétrie trouva pourtant une victime facile. Le chimérique Georges de Scudéry passait des heures à se dissimuler derrière les massifs du Luxembourg, pour percevoir avec une émotion d'adolescent timide le va-et-vient indistinct de cette silhouette épaisse à travers les vitres de l'appartement.

En tous cas Scarron trouvait en « sœur Céleste » une compagne fidèle, une ménagère instruite et surtout une présence féminine aimable et honnête. Plus tard il la remerciera de « l'avoir par ses bons conseils tiré des mauvaises compagnies qu'il ne voyait qu'avec une grande répugnance ».

Le poète loua une de ses chambres à un certain seigneur nommé Cabart de Villermont, ancien lieutenant général du Roi de France à Cayenne, qui l'amusait par sa grande et simple érudition de chercheur et de voyageur, qui l'attirait par son amour éclectique des lettres.

A peine installé à l'Hôtel de Troyes, l'infirme fut assiégé par une foule d'amis, de sympathisants ou d'intrigants qui trouvaient agréable ou commode ce logis retiré.

Les frondeurs se firent bientôt plus nombreux, plus pressants. Mais il tenait bon dans son attitude réservée. Il hésitait à couper les ponts chancelants qui le liaient encore au gouvernement dispensateur de charges et de pensions.

Pourtant, ce qu'il avait en lui d'orgueil inconscient s'épanouissait devant les prévenances et les sollicitations dont l'entouraient tant de gens de marque. Alors, dans ses épîtres, il intercalait des petits couplets menaçants pour Mazarin. A Retz, son ancien compagnon des ruelles il abandonnait de brûlants triolets amers ou acides dont l'autre encadrait ses libelles baveux. A Georges de Scudéry, qui tout en roulant des regards ardents de désir sur les seins pesants, sur les cuisses pleines de sœur Céleste, appuyait de ses discours d'académicien le complot frondeur, il avouait que la haine du Mazarin gagnait chaque jour en lui de violence.

Bon gré mal gré il abritait les chefs rebelles. Les alliances se scellaient chez lui ; sous son toit se complotaient les termes et les prix des redditions.

Et s'il n'y avait eu que des hommes, peut-être Scarron aurait-il trouvé le courage de mettre poliment dehors ces compromettants personnages. Mais le camp frondeur recrutait aussi des femmes, de jeunes, souriantes, caressantes femmes lui apportant, qui des chatteries, qui des bibelots précieux, qui des baisers. Et comment résister à ces douceurs enveloppantes, comment refuser de faire s'épanouir ces sourires qui tremblent sur des lèvres carminées ?

Contre le Mazarin, pantin que toutes ces petites dents nacrées déchiquètent, les couplets s'ajoutent aux couplets. On les lit dans l'intimité, on applaudit aux saillies, puis Scarron range ses papiers. Ainsi s'accumule toute une réserve de projectiles prêts à jeter leur poids menaçant dans la lutte. Mais le poète se refuse encore à un acte ouvert d'hostilité.

Pourtant Retz sait trouver les exhortations qui portent, évoquer les vieux souvenirs d'une époque où l'on était plus brave, où l'on ne craignait pas les tyrans, même coiffés du chapeau de cardinal. Il rappelle les vexations subies, il dit que là où la plate obséquiosité a échoué, la colère dressée peut réussir. Qui sait si le ministre aux doigts crochus ne laissera pas mieux tomber ses pistoles pour un adversaire à apaiser que pour un inoffensif flatteur ?

Et un jour ensoleillé de février 1651, la « Mazarinade » criée en cent endroits de Paris éclatait comme une salve d'arquebuses.

L'auteur était anonyme, l'éditeur habitait Bruxelles. Le coup frappa dur. Que d'injures, de calomnies, l'aventurier italien n'avait-il pas déjà essuyées ! Et pourtant jamais il ne s'était senti aussi mortifié.

Le poète fouillant dans ses origines mettait en pièces

son personnage : d'un bout à l'autre de son existence mouvementée, il le faisait ressortir comme un fripon vulgaire et ignare récoltant des raclées, ne vivant que de l'argent qu'il extorquait aux femmes. Prêtre vicieux et dévergondé, politique borné, ministre voleur et cruel, le peuple de Paris le châtiera :

> « On te coupera, pauvre Jule,
> L'un et l'autre testicule !
> Et lors — ô cardinal pelé,
> Cardinal détesticulé — .
> N'étant plus ni femme, ni homme,
> Comment paraîtras-tu dans Rome ? »

Profond fut le retentissement du pamphlet. L'anonymat n'égarait nullement les lecteurs qui jetaient leur conviction pour ou contre son auteur avec toute leur énergie combative.

Les partisans de Mazarin répondaient à Scarron par des libelles où on lui attribuait uns monstruosité morale correspondant à sa laideur physique. Pour eux il n'était qu'un petit gnome affreux, puant, bavant, ne vivant que pour faire le mal.

Le plus féroce de ces défenseurs improvisés du ministre fut un transfuge du camp frondeur, un homme qui portait sa verve et son épée en toute indépendance selon les caprices de sa fantaisie, Cyrano de Bergerac. Toute l'énergie qu'il avait mise à attaquer Mazarin, il la tourna contre Scarron. Il fit du poète burlesque un infirme d'esprit comme de corps, un homme qui — ne pouvant goûter la saveur du beau, la douceur du bien — dénigrait tous et tout par principe, un destructeur-né qui salissait l'univers en paroles de dépit et de rage, furieux de voir le monde extérieur opposer le contraste de son harmonie au chaos affreux de son personnage. Les maux et les tares dont il était accablé n'étaient que la juste punition de ses calomnies.

Scarron, bien que très atteint par ce pamphlet cruel, ne répondit point directement à cette brutale attaque. Il craignait un peu la violence de Cyrano. Puis il commençait à se lasser de cette lutte stérile. Il avait quelque envie de faire oublier le scandale de sa « Mazarinade » et d'employer son activité à des travaux plus lucratifs. Il se contenta de faire par des allusions le procès de ces manieurs d'épée qui étalent leur nom et leurs titres comme une enseigne, et se croient autorisés à tous les abus par la crainte que leurs coups de force imposent aux innocents.

Des membres de la famille Scarron, richement pourvus de dignités diverses, s'empressaient d'exagérer leur soumission respectueuse au gouvernement, craignant d'être compris dans le ressentiment du Cardinal. Parmi ses amis, les uns le fuyaient comme un pestiféré dangereux, les autres l'accablaient de leurs embrassements.

Et le reclus de l'Hôtel de Troyes voyait chaque jour déferler dans sa chambre le flux des adorateurs, des curieux, des amateurs de controverse. Les plagiats reprenaient de plus belle. Les suites inventées de la » Mazarinade », les répliques imaginaires aux attaques des polémistes de la Cour se vendaient trop facilement pour ne pas tenter la concurrence. Scarron que les plus méchantes calomnies laissaient souriant, souffrait de cet abus fait de son nom dont il commençait à connaître le prix.

Dans l'orgueil de sa puissance verbale, il oubliait son infirmité. Comme un gentilhomme menaçant la canaille de la tailler en pièces à coups d'épée, le pauvre infirme qui ne pouvait sans aide mouvoir tant soit peu la masse difforme de son corps, le paralytique dont seuls les doigts avaient gardé quelque souplesse, promettait aux imitateurs de les poursuivre de ses coups jusque dans les greniers !

D'ailleurs le mouvement frondeur déclinait. Scarron ne demandait qu'à rentrer dans l'ombre. Peu à peu il élaguait les plus turbulents de ses compagnons. Il conservait pour d'intimes causeries littéraires les vrais amis, ceux qu'il croyait sans ambition, éloignés de toute intrigue, préoccupés seulement de passer avec lui des heures souriantes et légères. Ceux-là jugeaient Scarron « beaucoup plus agréable dans la conversation qu'il ne l'est dans les livres » et ils formaient un petit cercle où ses anecdotes et ses saillies trouvaient un écho prolongé de sympathie.

VI

UN SOIR A L'HÔTEL DE TROYES.

Deux chandeliers à longues flammes rougeoyantes sont posés sur la tablette du fameux fauteuil qui porte toute la vie du poète. Et des papiers, des livres ouverts s'empilent. Penchés sur ce fatras, sa tête énorme que la pauvre clarté enlumine, ses yeux brillants qui dévorent les petites lignes noires. Son bras raccourci traîne fiévreusement le sillage irrégulier de sa plume. Dans un coin du réduit, « sœur Céleste », voilant à peine sous une longue robe légère toutes ses rotondités, ravaude posément comme une ouvrière à la journée.

Toutes les horloges du quartier ont successivement sans le moindre accord clamé dans le silence la musique triste du temps qui coule.

Parfois Céleste soupire faiblement pour exhaler la plainte de son estomac qui digère. Et souvent Scarron jure, cogne du poing sa tablette ou son crâne, courant après un mot qui fuit, après le sens d'une phrase qui échappe.

Il s'évertue à traduire en langage clair français les subtilités du texte latin de la morale de Gassendi. Gassendi est pour les gens du XVIIe siècle le rénovateur de l'Epicurisme. Et Scarron juge utile et profitable de divulguer au public le secret du bonheur facile que le philosophe a enseveli dans le latin.

Mais c'est une œuvre bien pénible. Outre que le texte contient en lui-même des obscurités et des contradictions nombreuses, Scarron ne possède ni la science, ni la pratique, ni le goût d'une telle traduction.

On frappe quelques coups fermes à la porte. Scarron va hurler aux importuns, mais il a reconnu le heurt familier du voisin, du locataire, de l'ami. Et Cabart de Villermont pousse son pas nonchalant vers le travailleur.

— « Alors, épicurien, toujours du Gassendi ! Quelle folie, comment pouvez-vous perdre votre temps à triturer les élucubrations de ce pédant bonhomme ? »

— « Mais, mon cher, la nature, les atomes crochus de Lucrèce, cette philosophie si simple, si intimement inspirée de la vie, qui est la vôtre comme elle est la mienne, — voilà ce que je trouve là-dedans ! »

Mais Cabart s'irrite :

— « Il y aurait bien d'autres sujets plus alléchants pour des coups de plume hardis comme les vôtres, que cette pâle traduction d'un pédant qui a coiffé de complexités la doctrine unie du grand Grec, qui a improvisé une morale là où s'impose le simple laisser-aller joyeux. Dites, vous préoccupiez-vous des règles de Gassendi, du temps que vous croquiez les chapons et les filles ? Allez traducteur, allez paresseux, qui préférez échanger facilement les mots étrangers forgés par un autre, contre des mots français qui pèsent le même poids, plutôt que d'exprimer les idées propres et ingénieuses dont votre cerveau est plein... Eh bien, si vous aimez tant traduire, que ne nous faites-vous une bonne et pittoresque version de Cervantès ? Un homme comme vous comprendrait peut-être tout ce qu'il y a de poétique dans le grotesque sublime de Don Quichotte. Et puis vous m'avez dit cent fois que vous jargonniez mieux l'espagnol que le latin ! »

— « C'est vrai », dit Scarron.

Et le silence n'était plus troublé que par le grésillement des chandelles et les soupirs périodiques de « sœur Céleste », momifiée dans son coin. Puis tout d'un coup, Scarron qui avait continué à travailler péniblement, jeta un formidable juron et lança d'un revers de son bras jusqu'au milieu de la pièce les piles de papiers amoncelées devant lui.

— « Au diable Gassendi ! — dit-il .— Voyez-vous, Cabart, j'aurais plutôt envie d'écrire quelque chose comme l'histoire grotesque de cette vie de province à laquelle j'ai été mêlé durant que je séjournais au Mans. Je crois que je ferais tout pivoter autour de la seule distraction qui anime les provinces mornes : la comédie... J'aimerais faire tribuler, comme je l'ai vu en fait, une troupe hétéroclyte de comédiens de campagne, au milieu de ce déchaînement de bruit, de scandales, de cris de joie, de passions sincères ou bouffonnes, que soulève de ville en ville le passage de ces gens dont le métier est de faire rire... »

— « Mais comment garnirez-vous vos chapitres ? Comment imaginerez-vous assez de péripéties magnifiques pour rehausser la réalité plate au point de captiver vos lecteurs ? Ne feriez-vous appel qu'à votre propre expérience ? Pourquoi sur ce thème qui a l'air de vous séduire, ne broderiez-vous pas mille savoureuses digressions ? Vous pourriez emprunter le fond à cette littérature espagnole dont vous avez si bien exploité la matière dans vos comédies... »

Et ainsi se poursuit la conversation raisonnable, intime, entre les deux amis. Scarron n'est plus là l'offensif rieur, mais le laborieux créateur d'un genre littéraire nouveau.

Quand Villermont est parti, il reste encore de longues heures à soutenir de ses mains fines sa lourde tête. Céleste ronfle béatement. Les horloges s'épuisent à faire bruire l'air de leur monotone rappel, qui se prolonge comme les accords d'une mélodie. La souffrance enfonce vainement ses aiguillons dans la chair de Scarron. Il est calme, souriant. Il réfléchit.

Les chandelles se sont éteintes, et leur fumée jaunâtre flotte dans la pénombre de l'aube jeune, comme des pensées.

Les larges yeux bleus du poète ne cherchent pas encore l'abri des paupières : il reste perdu dans une infinie rêverie heureuse. En lui passent et repassent les images de cent fantoches burlesques qui se précisent,

ს animent, s'entrechoquent. Ils ont comme un air de famille commun avec des gens que Scarron a croisés dans l'existence, mais chacun contient plusieurs êtres. Leurs petites manies particulières sont devenues des ridicules de l'espèce humaine ; leurs vices, leurs infirmités s'amplifient, se coagulent. Ce ne sont déjà plus des hommes, ce sont des types.

Dans le songe mi-conscient de Scarron, sur toutes ces laideurs, sur toutes ces incohérences d'un milieu social, passe avec tout l'éclat vengeur de la foudre des Dieux offensés, le rire de la foule, immense, niveleur, justicier.

En ce soir de mars 1651, le Roman Comique était né.

LE SOURIRE

de
qu
der
lop
(
les
« F
livr
se
par
Le
mai
dan
d'o
pay
(
tira

I

VERS LES TERRES VIERGES.

Bientôt, dans le cercle lettré qui animait l'Hôtel de Troyes, au lieu des condiments acides de la polémique frondeuse, on se plut à goûter les chapitres gaillardement assaisonnés de ce *Roman Comique* qui se développait.

Guettant les rires au coin des lèvres, l'intérêt dans les regards, le poète appréhendait un à un ses familiers : « Prenez un siège, mettez-vous là que j'essaye mon livre ». Et l'expérience fut fort satisfaisante. Les pages se succédaient rapidement, facilement. La première partie, prête vers la fin de l'année, fut dédiée à Retz. Le coadjuteur accepta avec des démonstrations de joie, mais il crut avoir assez fait pour l'auteur, en lui accordant ainsi ce qu'il jugeait un grand honneur. Il feignit d'oublier que les dédicaces des gens de lettres se payaient d'ordinaire plus cher que par des grimaces.

Comme pour ses précédents ouvrages, avant le tirage destiné au public, Scarron lança des exemplaires parmi ses amis, en fit parvenir aux gens dont l'avis était prépondérant et collectionna les réponses favorables. Le genre burlesque qui avait déjà pourtant ses droits de citoyen n'osait pas encore aborder le peuple du forum sans être accompagné de protecteurs puissants et déclarés.

Pendant que le livre allait son chemin, les conversations amicales entre Cabart de Villermont et son voisin se multipliaient. Ce personnage riche d'idées, ayant lu, voyagé, médité, semait ses propos de réflexions personnelles, et ingénieuses. Son intimité avec le poète s'affirmait de jour en jour ; il lui donnait des conseils nets et francs qu'il appuyait d'une affectueuse autorité.

On devisait joyeusement. Et quand les estomacs avides et affinés des deux compères demandaient que l'on s'occupât d'eux, on préparait en commun pour les satisfaire des plats originaux, variés et copieux.

Dans les récits de Cabart, les pays exotiques qu'il avait visités passaient avec une abondance de détails qui les faisaient palpiter d'une vie reélle. Le voyageur était sincère, mais s'enthousiasmant lui-même à ses souvenirs, il tendait inconsciemment à enjoliver la réalité. Les terres neuves foulées par ses pas n'étaient pas seulement splendides par la facile prodigalité de la nature, qui gigantifiait là-bas tous les dons mesquins dont nos pauvres contrées se réjouissent, mais encore l'or, les diamants, les femmes fraîches et ardentes étaient mis à la portée du promeneur, offerts à ses caprices. Et surtout ce climat enchanteur, ce soleil vivifiant, cet air pur régénérateur ! Les forces de la vie se décuplaient sous ces latitudes ; les faiblesses, les tares s'effaçaient comme une simple crasse de l'épiderme sous les coups de fouet des vagues et du vent.

Le pauvre infirme, cloué dans l'immobilité absolue depuis plus de dix ans, mais gardant toujours un espoir secret de guérison totale, suivait avec passion ces descriptions. Il se faisait préciser certains points, contrôlait la sincérité des affirmations de Cabart en interrogeant d'autres voyageurs. Mais tous les récits concordaient : la terre d'Amérique était fée ; prodigue, hospitalière, elle donnait sans compter à ses habitants la richesse, la santé, les jouissances. On citait des cas précis de cures miraculeuses, de béquillards faisant des entrechats, de goutteux devenus de frénétiques joueurs de paume, de vieillards retrouvant comme une nouvelle jeunesse.

Peu à peu éclosait en Scarron le désir de fuir l'Europe, d'aller goûter cette vie facile... Et qui sait s'il ne guérirait pas... Après tout, ses organes étaient encore intacts, son sang était jeune et chaud.

Il acquérait ainsi la certitude que ne serait pas vain l'effort immense et douloureux de se transporter là-bas. Il sentait comme un avertissement, une force qui le poussait à tenter cette grande aventure.

D'ailleurs il y eut à cette époque un mouvement général d'enthousiasme pour la vie coloniale. Les uns, poussés par le désir du gain, d'autres pour fuir un sol d'où leur conduite scandaleuse ou leurs rapineries les écartaient, d'autres par dégoût d'une vie plate qu'ils avaient déjà trop vécue, d'autres enfin par simple amour des voyages, de la vie libre et sans lois — nombreux étaient les émigrants.

Scarron envisagea donc un départ prochain. Il quitterait sans regret cette patrie où pourtant la célébrité commençait à lui créer une place enviée, où les produits de sa plume joints aux bénéfices de sa charge ecclésiastique allaient bientôt pouvoir l'entretenir dans une petite aisance sans souci. Mais que n'aurait-il pas laissé pour regagner cette santé, cette souplesse, cette possibilité de plaisirs, dont il sentait encore capable et son corps de quarante ans et son esprit éternellement jeune.

Pour couvrir les frais du déplacement et obtenir le meilleur confort possible, il imagina de fonder une compagnie coloniale. La direction active en serait confiée à son ami Segrais, qui n'avait en fait pour titre justifiant un tel emploi que sa vigueur et son enthousiasme : du monde réel, il ne connaissait rien. Mais Scarron, qui concluait aisément du particulier au général, n'hésitait pas à induire des qualités littéraires qu'il prisait chez son ami à une capacité étendue à toutes les branches de l'activité humaine.

Pour obtenir les capitaux nécessaires à cette entreprise, il fit de pressantes démarches, mais il n'aboutit à rien. On se méfiait d'un Scarron homme d'affaires. Contre son projet se dressait sa réputation de ne rien prendre au sérieux, de tirer des choses et des faits les plus austères matière à des plaisanteries, de dépenser rapidement en joyeuses dissipations le peu d'argent qu'il avait. Aussi les gens — même ceux qui l'aimaient tendrement — préféraient lui donner de petites sommes d'argent à fonds perdus, à lui en confier de grosses à gérer.

Ne parvenant pas à diriger lui-même une expédition, il se décida à entrer comme participant dans une compagnie en voie de formation. Conseillé par Cabart, il souscrivit comme lui une somme de trois mille livres dans la Société des Indes Equinoxiales, qui se créait pour coloniser la Guyane. Cette entreprise en partie militaire, en partie commerciale, en partie religieuse, avait reçu une consécration officielle par des lettres patentes du roi. Commandée par un gentilhomme normand, de Royville, cette croisade comprenait, outre des seigneurs avides de batailles, un grand nombre de prêtres brûlant d'ardeur évangélisatrice, et aussi bien des aventuriers, des trafiquants, soucieux de quitter un pays épuisé par leurs trop fructueux coups de mains.

Scarron avait obtenu un délai pour le versement de sa part sociale, mais il frémissait de l'impatience du départ décidé pour le prochain printemps. Il contemplait avec le regard attendri d'un ultime adieu ce morceau de Paris, que sa fenêtre lui découpait sur un fond grisâtre. Et son imagination s'amusait du contraste qu'elle forgeait entre ce vieillard précoce, rêvant tristement dans un fauteuil misérable, et l'homme revivifié qui dans trois mois prodiguerait une énergie reconquise, sous un ciel éternellement clément.

Cependant, Céleste qui devait faire partie du voyage remuait dans les armoires les vieilles nippes à réparer, les pauvres choses dispersées et usées qui seraient tout le bagage des émigrants.

II

LA PETITE FILLE D'AGRIPPA D'AUBIGNÉ

Et pourtant Scarron ne partit pas.

La vie qui lui avait jusqu'ici versé avec une égale prodigalité les jouissances, puis les douleurs, lui réservait, au lieu de la guérison espérée, le dernier apaisement d'une fidèle présence de femme.

Dans la grande chambre de l'Hôtel de Troyes, trônait le prince du rire, comme un gnome contrefait dans ces royaumes de lutins que les légendes nordiques animent au centre de la terre. Le froufrou des soieries qui enveloppent les dames, le bruit balbutiant des conversations privées et les accès de rire qui s'allument dans un coin, puis gagnent rapidement tout le massif des tendres nuques ployées — telle était la symphonie de tous les jours.

Or, une fois on perçut comme le grincement irritant d'une note discordante : des sanglots comprimés, hoquetant à travers les petits doigts serrés qui les refoulent. Une fillette en larmes, pauvrement vêtue d'une robe de serge trop courte aux reflets jaunâtres, est effondrée dans un fauteuil. On ne voit d'elle que de beaux cheveux, un front hâlé et mat, d'étroites épaules qui se soulèvent dans une palpitation d'oiseau, en faisant mouvoir sous le corsage la mignonne esquisse d'une gorge attendrissante de jeunesse.

La petite Françoise d'Aubigné qui a à peine quinze ans n'a pu résister au flot d'émotions qui la noie. D'abord une timidité effrayante la glace — elle qui trempe pour la première fois son petit corps pudique dans le bain de la vie mondaine devant tous ces personnages inconnus dont l'aisance indifférente néglige de la secourir, mais dont les yeux inconsciemment l'accrochent, la détaillent, la tournent et la retournent, la déshabillent, la dissèquent, la raillent. Quel secours chercher dans le regard de cette Madame de Neuillan sa marraine qui l'accompagne ? La sombre dame a l'air perdu comme dans la méditation d'un calcul complexe. Elle parle, mais chacune de ses questions, chacune de ses répliques porte le lourd apprêt d'une intense réflexion.

Et puis pour bouleverser la petite fille, il y a le spectacle étrange de l'hôte qui régit cette société. Cet homme dont il faut en se baissant profondément chercher le regard, que son cou engourdi dirige obstinément vers le sol, cet homme qui semble revêtu d'une carcasse de roche possède une voix formidable, tantôt sifflante dans la plaisanterie ouverte, tantôt grave dans le faux sérieux, parfois véhémente, parfois calme et autoritaire dans la discussion.

Et il y a un tel air de détresse dans son aspect, un tel air de gaieté dans sa voix !

Cette timide enfant qui pleure est la petite fille d'Agrippa d'Aubigné, le poète, le hardi compagnon d'armes de Henri IV.

Le sang du farouche huguenot avait bien vite pâli chez ses descendants. Son fils Constant ne traîna qu'une existence veule, séduisant des filles, trahissant son parti et sa famille, volant bassement ou élégamment selon les cas.

La petite Françoise était née en prison. Son père faisait là l'un de ces stages forcés qui sanctionnaien de temps en temps son inconduite dans le domaine de l'honneur, comme dans celui des lois ou de la politique.

Encore toute jeune fillette elle avait entrepris avec ses parents un voyage en Amérique destiné à restaurer la fortune de la famille. Libéré en effet à la mort de Richelieu, Constant avait été nommé gouverneur de l'île Marie-Galante aux Antilles. En fait il n'avait jamais réussi à prendre possession de son poste, et les émigrés étaient revenus dans la métropole aussi pauvres qu'avant leur équipée.

Depuis lors, la mère de Françoise, Jeanne de Cardilhac, s'était épuisée malgré tout son courage en inutiles démarches pour reconquérir quelque prestige et quelques ressources à son ménage. En fait elle parvenait à peine à subsister par son travail. L'enfant aurait grandi sans que l'on se souciât de la soigner ni de l'instruire, si sa tante paternelle la marquise de Villette ne l'avait recueillie à Mursay dans le vieux château-fort des Aubigné.

Là, sous l'influence toujours vivante du grand Agrippa, elle avait coulé des jours heureux dans le confort et la tendresse familiale. On lui avait donné une éducation protestante, et peu à peu avait mûri en elle une foi ardente et un attachement passionné aux principes de la Réforme.

Mais sa famille maternelle, qui était catholique fervente, s'était décidée à revendiquer la garde de l'enfant pour tenter d'opérer le salut de cette âme qu'elle jugeait perdue.

Bon gré mal gré, la petite dut suivre sur ses terres du Poitou cette Madame de Neuillan qui avait obtenu de la reine la charge de la catéchiser. Là l'enfant choyée des Villette dut mener la dure existence des domestiques de ferme. Frustement vêtue, armée d'une grande gaule, la figure protégée contre le hâle du soleil par un masque, elle allait dans les champs garder les dindons avec sa petite cousine. On déjeunait frugalement d'un repas qu'on avait emporté de Pibrac, en bavardant ou en jouant avec les petits bergers.

Un peu plus tard, pour remplir la mission que la Régente lui avait confiée, Madame de Neuillan envoya Françoise au couvent des Ursulines de Niort.

Ce fut là pour l'adolescente une lutte de tous les instants contre un prosélytisme qui n'hésitait pas à appuyer les arguments de l'esprit et du cœur, de privations alimentaires et de châtiments corporels.

Malgré tout, la petite-fille d'Agrippa d'Aubigné persévéra dans la foi de son ancêtre.

Irritée, n'hésitant pas à rendre à sa mère misérable cette enfant qu'elle avait revendiquée, Madame de Neuillan emmena la jeune fille à Paris dans ses bagages. Mais quand elle arriva, Jeanne de Cardilhac avait quitté la capitale.

Elle fut donc obligée de conserver l'indésirable jeune fille. On logea chez des parents, les Tiraqueau de Saint Herman, qui étaient des voisins et des amis de Cabart de Villermont. C'est ce dernier qui, ayant déjà rencontré les d'Aubigné lors de leur voyage en Amérique, avait introduit les deux femmes chez Scarron.

Peu de temps après ce premier contact de Françoise avec la vie mondaine, Madame de Neuillan fit un second essai de conversion en confiant la jeune fille aux Ursulines de la rue Saint Jacques.

Les quelques années qui s'étaient écoulées entre les deux tentatives avaient permis à la sensibilité de l'adolescente d'évoluer en s'amplifiant. Son caractère conservait la froide tenacité des protestants indéracinables, mais ses facultés émotives accrues la rendaient beaucoup plus accessible au charme esthétique et sensuel du catholicisme.

Toujours est-il qu'en toute sincérité, après des crises d'angoisse, des heures de doute et de remords, elle abjura la religion de ce grand-père dont elle vénérait pourtant le souvenir avec tant de fierté.

Scarron qui n'avait prêté qu'une attention distraite au personnage étriqué de la fillette portant si gauchement le sobriquet hardi d'Aubignette, n'en entendit plus parler pendant plusieurs mois. Lors d'une visite que lui fit en voisine la fille des Tiraqueau de Saint Herman, celle-ci fut amenée par hasard à faire allusion à sa parente, qui était retournée à Niort en compagnie de sa marraine enchantée de sa conversion :

— « Françoise, qui n'a reçu en somme aucune intruction suivie, m'écrit des lettres prodigieuses par le style coloré de ses descriptions, par le sérieux et la justesse de ses raisonnements. »

Par politesse plutôt que par intérêt véritable, Scarron demanda à lire ces missives étonnantes. Mademoiselle de Saint Herman qui aimait les prétextes lui permettant des conversations toujours distrayantes avec le poète s'empressa de les lui apporter.

Il y avait, dans ces lignes hâtives adressées en toute confiance à la cousine dont l'accueil affectueux l'avait réchauffée, un abandon charmant où se lisait une résignation si naïve devant la vie cruelle, que Scarron en fut touché profondément :

— « Quoi, on écrit ainsi à la Martinique ? — dit-il. Les autres femmes se parent de leur esprit, celle-ci aime à le cacher ! »

Là dessus il adressa une lettre à Françoise, où aimablement il insistait pour engager avec elle des relations suivies.

« A cette heure que vous êtes découverte, vous ne devez point faire de difficulté pour m'écrire aussi bien qu'à Mademoiselle de Saint-Herman. Je ferai tout ce que je pourrai pour faire voir une aussi bonne lettre que la vôtre, et vous aurez le plaisir de voir qu'il s'en faut beaucoup que j'aye autant d'esprit que vous. »

Alors s'entretint cette conversation singulière entre un infirme ayant trop vécu, ayant puisé largement les bienfaits de la vie, et une enfant toute jeune qui n'avait encore retiré de l'existence qu'un goût d'amertume. L'un frappé dans son être physique et gardant toute sa jovialité, l'autre privée de tendresse et de bien-être et montrant une mystique résignation.

Un pauvre homme, laid, malade, mais riche de gloire et d'espoir ; une pauvrette sans foyer, riche de toute sa jeunesse, de toute sa fraîcheur.

III

FIANÇAILLES

Certes cet intérêt que portait subitement à Françoise un homme sinon noble, riche et beau, du moins célèbre, pensionné, possédant de glorieuses parentés et d'illustres relations, ne fut pas sans éveiller chez Madame de Neuillan de profondes réflexions.

Sans encore préciser, même en son for intérieur, quelle serait au juste sa conduite, elle sentit qu'il y aurait tout profit à favoriser une liaison galante qui ne comportait par ailleurs aucun risque.

Quant à Françoise, elle se laissait aller sans arrière-pensée à cette intimité facile avec un correspondant dont l'optimisme la réconfortait. Lorsque sa marraine la remena à Paris, et que Scarron revit la pucelle dont il conservait l'image vague d'une gamine falote, il fut surpris de trouver une belle jeune fille au profil pur, au maintien digne, à l'allure un peu raide et grave, mais à la chair pleine et désirable.

Quand le regard brillant du libertin croisait le

regard humble de l'enfant, il trouvait dans ces yeux noirs outre un éclat d'intelligence qui le séduisait, une volonté tenace, l'expression d'un désir intense de dominer ou de connaître, qui pouvait être mystique ou bien sensuel.

On parlait de mille choses diverses. Scarron gardait de son intimité avec Marie de Hautefort l'art de converser avec une jeune fille. Il savait sans choquer l'instinct défensif d'un petit être neuf, effleurer les plus graves sujets, évoquer les plus scabreuses questions. Malgré la crudité rébarbative des expressions dont il usait, il savait par sa bonhomie souriante faire naître les confidences, mettre à jour les projets et les réflexions qui sommeillaient dans l'inconscient.

Françoise gardait une impression ineffaçable de son séjour en Amérique. Elle complétait par l'imagination ce qu'avaient ses souvenirs d'un peu imprécis.

Et lui pressait de questions cette enfant ignorante, recueillait comme des promesses d'oracle le féerique que ses paroles versaient.

Que se passa-t-il en lui, comment peu à peu fut-il amené à s'attacher à cette petite compagne bavarde ? Envie sénile, besoin de tendresse, goût violent pour tant de naïve fraîcheur, douce habitude qui se transforme en nécessité vitale ? Non, simplement la normale naissance d'un bel amour avec tout ce qu'il comporte d'absolu désintéressement, de violence incompressible, d'élan total tant physique que moral vers l'objet désiré. Comme il avait aimé l'inaccessible Marie, Scarron aima la petite Françoise.

Lucidement, sans penser à lui-même, il chercha à réaliser le bonheur de l'enfant. Avec une touchante sollicitude il se mit à chercher parmi ses relations s'il se pouvait trouver un homme capable de constituer un parti convenable. Mais hélas! les libertins ne prenaient point de légitime compagne, les pauvres poètes ne pouvaient joindre leur dénûment à une miséreuse, les nobles seigneurs ne cherchaient que de raisonnables et lucratives alliances.

Alors ce jouisseur pour qui l'argent avait tout son prix, ce débile qui peinait pour amasser des écus, se décida à constituer une dot à la jeune fille pour lui permettre d'entrer honorablement dans un couvent.

Françoise refusa. De ses différents stages dans des maisons religieuses, elle gardait une horreur instinctive pour cette vie de recluse. Non que le monde l'attirât, mais en dépit de toute sa piété sincère, le cloître, les macérations, les jeûnes révoltaient sa chair palpitante. Celle qui avait tant couru dans les bois de Mursay, qui avait passé de longues heures au soleil dans les champs à Neuillan, demandait à adorer au grand jour le créateur.

Mais la marraine poursuivait sa propagande de renonciation. Dans des insistances humiliantes, elle lui montrait les dépenses que lui imposait sa charge. Cette générosité insolite d'un ami fournissait une occasion inespérée qu'il fallait saisir sur le champ.

Françoise avait trop de bon sens pour ne pas comprendre la portée pratique de tels raisonnements.

Un jour donc elle convint qu'il fallait accepter la dotation de Scarron.

Et elle se rendit à l'Hôtel de Troyes pour remercier son bienfaiteur. L'infirme l'accueillit avec un bon sourire, mais un air de gravité peu habituel. Avant qu'elle eût pu ouvrir la bouche pour lui faire connaître sa nouvelle intention :

— « J'ai réfléchi dit-il, je ne veux en rien contribuer à faire de vous une nonne. »

La jeune fille devint très pâle et baissa le front résignée.

— « Je deviendrai ce que le bon Dieu voudra, dit-elle.

— Fort bien ! Mais quand un riche seigneur vous offrira de pourvoir à tout, le bon Dieu viendra-t-il vous dire à l'oreille que votre indigence vaut mieux que cette richesse ?

— Que voulez-vous que je fasse ?

— Une demoiselle n'a dans la situation où vous êtes d'autre asile que le couvent ou le mariage.

Vous ne serez pas une religieuse...

Vous serez mon épouse si vous y consentez... »

Françoise ne répondit rien, mais elle ne put réprimer l'effet de sa stupeur. Certes sa marraine qui suivait avec Cabart l'évolution des sentiments du voisin, lui avait déjà fait entrevoir une semblable éventualité. Mais il y avait une telle monstruosité dans l'image de cet accouplement, et puis les intentions de Scarron paraissaient encore si peu tracées, qu'elle ne s'était jamais brutalement posé la question.

Comme au cours de sa première visite dans cette grande chambre, aux murs tapissés d'un damas jaune sur les dessins duquel ses yeux hagards s'écarquillaient, Françoise fondit en sanglots. Elle s'enfuit, elle courut en se cachant la vue comme obsédée par quelque terrible spectacle.

Quelques jours s'écoulèrent. Les ferventes insistances de Mme de Neuillan se déployèrent comme un écran entre la saine jeunesse révoltée de la jeune fille et les réalités charnelles du mariage dont, en dépit de son innocence, elle se faisait une idée assez précise. La mesquine matrone n'épargna rien pour la convaincre. Quelle apologie fit-elle du génie créateur du poète, de la supériorité de son intelligence! Tantôt se portant garante de la non virilité de Scarron, elle représentait cette vie conjugale comme un simple stage dans un milieu confortable, auprès d'un malade doux et bienveillant, à l'humeur égale, aux propos réjouissants et dont d'ailleurs c'était un devoir sacré de charité d'alléger les souffrances. Tantôt au contraire elle faisait miroiter la possibilité d'une guérison qui rendrait alors à Françoise un mari jeune, ardent, actif, célèbre, inespéré. Car que pouvait escompter de la vie une jeune fille pauvre, portant un nom déshonoré par son père, n'étant ni belle, ni habile, ni vicieuse...

Quant à Scarron, il avait pris brusquement la décision de cette proposition audacieuse. L'amour le poussait contre ses plus vrais principes, contre ses préjugés les plus tenaces, contre ses appréhensions les plus justifiées. Prendre une épouse, lui le railleur des cocus, le paralytique voué d'avance à la dérision ! Et une épouse jeune, jolie, neuve, pauvre, honnête ! Souvent des amis lui avaient conseillé une union régulière et raisonnable qui lui fournirait des soins constants et peut être un peu de tendresse. Il répondait brutalement :

— « Trouvez-moi une femme qui se soit mal gouvernée, afin que je la puisse appeler putain sans qu'elle s'en plaigne ! »

Et maintenant il allait se charger de ce fragile bibelot dont l'être réclamait tant de délicates précautions !

Mais Françoise tenait bon. Elle sentait dans cette pesée des apports matrimoniaux le poids inestimable de sa jeunesse vierge, à qui la nature donnait d'imprescriptibles droits.

Si à la fin elle céda, ce ne fut certes pas sous l'appât de l'intérêt. La petite-fille d'Agrippa d'Aubigné serait plutôt morte de faim que d'accepter un marché que sa conscience eût réprouvé.

Peu à peu diminuait cette répulsion physique instinctive qu'avait éveillée en elle l'association du personnage de Scarron à l'idée physique du mariage. Et à mesure, la franche amitié qui la liait au poète reprenait ses droits.

De plus, ces projets nuptiaux s'accompagnaient de plans de départ pour l'Amérique. Mystiquement, comme Scarron, elle envisageait cette émigration comme un bain de jouvence qui abolirait le passé misérable. Pourquoi Dieu, par le truchement de ce changement de climat, ne toucherait-il pas les malheureux de sa grâce ? Pauvreté, déshonneur, infirmité une fois balayés au vent de l'Atlantique, il ne resterait qu'un couple idyllique d'amoureux...

Et l'enfant faisait plus ferventes ses prières à la miséricordieuse Marie. Elle traînait sur le plancher de sa petite chambre ses genoux nus.

Quand, pendant des heures elle avait mêlé ses implorations aux litanies, elle s'assoupissait inerte sur le sol. Alors, gonflée d'espoir comme de lait crémeux le sein d'une nourrice, l'âme menue de la déplorable fiancée du « cul-de-jatte » s'enroulait dans des rêves roses.

V

L'HOMME PROJETTE ET LA NATURE AGIT

Le mariage fut donc décidé, mais remis à l'année suivante. Françoise était encore bien jeune et elle n'avait pas trop de ce délai pour s'habituer à l'idée de son existence nouvelle.

Elle rentra pour quelque temps au couvent des Ursulines, mais Scarron était un fiancé exigeant qui réclamait sans cesse la présence de la jeune fille. Si bien qu'elle usait de la maison religieuse comme d'une auberge où l'on reste seulement pour dormir. La Supérieure s'indigna de cette conduite qui laissait supposer un dévergondage intolérable, et il ne fallut pas moins de la garantie d'un père Jésuite qui fréquentait chez le Burlesque, pour la rassurer sur la pureté des relations de sa pensionnaire.

Malgré tout, Françoise sentit le besoin d'un recueillement plus complet. D'ailleurs sa santé chancelait un peu sous le coup des émotions diverses et sous le régime anémiant de la vie citadine. Elle alla donc se reposer chez sa marraine en Poitou.

Là, on songea à compléter son éducation en prévision de son futur état et du rôle mondain qu'elle était appelée à remplir. Elle eut divers maîtres et reçut studieusement leurs leçons. Parmi eux le chevalier de Méré eut un rôle tout particulier. Ce gentilhomme à l'aspect séduisant, issu d'une noble famille poitevine alliée aux Condé, croyait pouvoir sans déchéance faire profession d'enseigner le bel air. En fait, les leçons de déclamation, de danse, de maintien, de grammaire n'étaient pour lui qu'un moyen d'approcher de belles dames et d'innocentes demoiselles dont il se chargeait de faire une éducation par l'expérience, beaucoup plus complète que ne l'eussent souhaité les maris ou les parents naïfs qui lui livraient ses proies. Ses plus flatteuses disciples étaient Mme de Sablé et la Duchesse de Lesdiguières. A cette dame qui lui commandait : « je veux avoir de l'esprit », comme elle eût dit à son coiffeur : « je veux telle perruque », il répondait avec une assurance servile : « Eh bien, Madame, vous en aurez. »

Vite il se prit à désirer cette nouvelle élève. L'abord noble, distant, le sens pratique avisé, la froideur sous laquelle se cachait un tempérament mystérieux piquèrent au jeu ce professionnel de la séduction.

Que la petite, en qui l'adolescence épanouissait une inconsciente ardeur, ait pu résister à ces perpétuels assauts, qu'elle n'ait pas — au seuil de l'ensevelissement qu'elle réservait à ses sens — cédé un peu de terrain à la force irrésistible qui poussait sa jeune chair intacte vers ce mâle cajoleur, voilà qui est invraisemblable.

Une fille toute fraîche chargée à son insu d'un irritant attrait, que dès l'âge de quatorze ans un petit berger du Poitou avait voulu prendre de force, un professionnel de la galanterie pour qui, comme dit La Beaumelle, « une belle personne n'était qu'une belle fleur, un de ces cœurs froids qui peuvent avoir des sensations mais n'ont jamais de sentiments » ; et des rencontres multiples de ces deux tempéraments pas un frisson charnel ne serait éclos ?

Toutefois, les apologistes d'une impossible Mme de Maintenon à la marmoréenne vertu ont cherché, pour nier le moindre abandon si naturel pourtant, un argument dans l'aveu de Méré qui écrit : « elle m'a fait passer de bien facheuses nuits ». Certes il n'avait pas trouvé en la pieuse Françoise une compagne facile, pliée sans répulsion aux caprices raffinés de son libertinage. Certes après avoir cédé peu ou prou elle se ressaisit bien vite, cria sa honte et ses remords, mortifia ce corps insoumis. Et si elle eut quelque rechute, ce ne fut sans l'effort désespéré d'une petite âme affolée qui se raccrochait à son Dieu. Souvent Méré dut tourner et retourner dans un lit vide son corps frémissant, tandis que dans un oratoire improvisé dans quelque coin de chambre, une frêle forme pâle contraignait ses lèvres à murmurer des oraisons.

Elle finit par tomber malade. Elle s'alita, en proie à une curieuse fièvre que les médecins de l'époque ne distinguaient en rien de toutes les autres fièvres aussi incompréhensibles pour eux. Ils se bornaient à repérer la périodicité des accès et à coller au petit bonheur sur la maladie des étiquettes d'identité.

De Paris, Scarron entretenait une tendre correspondance avec sa fiancée. Il s'attristait de la savoir souffrante, il imaginait ce « corps blanc et gras » geignant comme son pauvre corps ; et il oubliait ses propres souffrances à consoler les petites misères de celle qu'il aimait.

> « Tandis que la cuisse étendue
> Dans un lit toute nue,
> Vous reposez votre corps blanc et gras
> Entre deux sales draps,
> Moi, malheureux pauvre homme,
> Sans pouvoir faire un somme,
> Entre mes draps qui sont sales aussi
> Je veille en grand souci. »

Pendant ce temps, il poursuivait ses préparatifs d'émigration. Ses projets de mariage ne faisaient que l'affermir dans sa résolution. Avec cette jeune femme charmante il fuirait ; que lui importait le reste du genre humain ! Et là-bas redevenu un homme, il initierait cette petite nonne au plaisir de vivre, il engendrerait toute une lignée d'enfants sains et agiles qui vivraient avec lui joyeusement au grand air !

Il travaille donc activement à la formation de la compagnie coloniale. On réunissait des groupes de cultivateurs, des bataillons d'hommes d'armes, tous payés et entretenus par les versements des quelques sociétaires qui n'apportaient à l'entreprise que leurs capitaux et leur envie d'aller fainéanter au soleil. On acheta deux vaisseaux qu'on s'occupa d'affréter et d'approvisionner.

L'expédition devait se faire en deux convois : le premier exécuterait les travaux urgents d'installation, le second apporterait son énergie neuve pour appuyer l'effort déjà fait. Scarron dont l'impatience devenait chaque jour plus brûlante désirait faire partie du plus prochain départ.

Mais il n'avait pas encore versé les mille écus de sa contribution sociale, et où trouver cette somme ? Il chercha quelque élément d'actif réalisable dans son maigre patrimoine.

Il ne restait que sa prébende de chanoine. Or il reçut précisément d'instantes offres de rachat. Un certain abbé Girault, secrétaire de Ménage, avait appris par les rumeurs bavardes, mais résignées, de la commère Céleste, que Scarron allait prendre une compagne légitime. Or, l'état d'époux était absolument incompatible avec la qualité d'ecclésiastique, il fit donc représenter au poète qu'autant valait pour lui résigner immédiatement sa fonction. Le contrat fut signé moyennant le paiement de 3.000 livres, qui furent aussitôt versées au trésorier de la Société des Indes équinoxiales.

A la compagne fidèle, à Céleste veillissante, Scarron voulut ménager un avenir exempt de soucis. Il guetta pour elle quelque sinécure bien rétribuée qu'il s'efforcerait ensuite, à coups de requêtes, de lui faire accorder. L'Hôpital de Montargis était sous la gestion d'une supérieure mourante : on surveilla ce poste, mais la religieuse se raccrocha à la vie. Alors on se rabattit sur un prieuré vacant dans la région d'Argenteuil qui rapportait quelques 2.000 livres par an. C'était plus qu'il n'en fallait pour satisfaire l'appétit de la peu ambitieuse sœur Céleste.

Mais elle devait bientôt résigner cette fonction, et elle ne « sut pas mieux garder son prieuré que son innocence et sa dot ».

Enfin fut décidée la célébration du mariage. Cabart de Villermont fut chargé d'aller demander une autorisation et une procuration à la mère de Françoise, Jeanne de Cardilhac. Cette pauvre femme qui se débattait dans les difficultés pécuniaires, consentit facilement à cette union, si mal assortie fût-elle, qui assurait du moins à sa fille un avenir matériel à peu près exempt de soucis.

Ce règlement de multiples affaires de famille n'empêchait pas le poète de noiricir du papier. Au début de 1652 il fit jouer par Jodelet à l'hôtel de Bourgogne, une nouvelle comédie : *Don Japhet d'Arménie.* Le public retrouvant l'acteur et l'auteur aimés, ne ménagea pas ses applaudissements. Et la comédie remplit un peu la bourse de Scarron que tous ces préparatifs d'émigration et de mariage avaient singulièrement appauvrie.

Alors il n'eut plus qu'à attendre la petite fiancée qui rentrait en coche du Poitou.

Il connut dans ces heures d'impatience juvénile, un des plus doux moments de son existence.

Il avait foi dans la rénovation de son être. Comme il serait loin dans quelque temps de toutes ces comédies, de toutes ces controverses sur la portée, la nature, l'intérêt, le caractère littéraire du style burlesque! Que lui importaient les éloges ou les attaques que les courriers lui remettaient de tous les coins de la France.

A tous, amis et ennemis, il clamait :

> « Je vais dans l'Amérique où règne le repos,
> Sans froid, sans guerre, sans impôts. »

Dans cet instant où la cruauté du sort semblait pour lui se relâcher, il était tout pardon, toute indulgence.

Envers Dieu plus de rancune, envers Mazarin plus de haine. Son rire inépuisable, dont il s'était servi si souvent comme d'une arme protectrice, essentielle réaction de son être contre les heurts de la vie, abandonnait tous les accents discordants de la grimace, pour prendre, en ces jours là l'aspect d'un sourire apaisé.

LE SALON DU RIRE

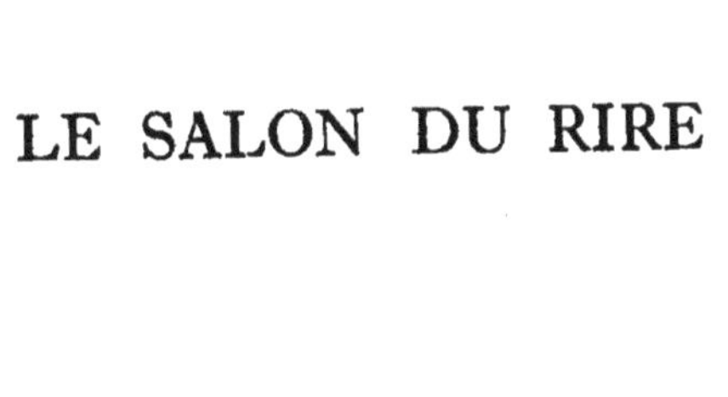

et
mo
le
l
la
do
vit
l
ser
à l
bea
d'e
dou
des
ron
l
nai

I

L'ÉTRANGE NUIT NUPTIALE

Il ne restait plus qu'à faire sanctionner par un notaire et par un prêtre cette union, à laquelle par tant de mois d'attente les raisonnables époux avaient eu tout le loisir de s'habituer.

On convoqua donc, sans bruyante publicité, dans la maison de Pierre Tiraqueau les quelques personnes dont la présence était indispensable : et le contrat fut vite baclé.

En riant Scarron dit à Cabart de Villermont, qui servait de procurateur à la jeune fille : « Je reconnais à l'accordée deux grands yeux fort mutins, un très beau corsage, une paire de belles mains et beaucoup d'esprit. » Et avec une emphase jouée : « Comme douaire je lui assure l'immortalité. Le nom des femmes des rois meurt avec elles, celui de la femme de Scarron vivra éternellement. »

En fait les futurs n'apportaient guère à la communauté que leurs droits bien impondérables dans les

successions de leurs parents, mais celle de « l'Apôtre »
toute litigieuse qu'elle fût, pouvait paraître presti-
gieuse auprès des dettes d'un Constant d'Aubigné.
A Françoise, son époux concéda cependant un douaire
de mille livres, un préciput de trois mille et il l'ins-
titua son héritière.

Deux jours plus tard une modeste messe célébrée
dans la petite église Saint-Cosme conciliait l'assenti-
ment de Dieu au jeune ménage hétéroclite. Avant la
bénédiction, le curé avait interrogé mi-officiel, mi-
badin : « Mais pouvez-vous exercer le mariage ? » Et
Scarron de répondre avec un regard brillant, que
l'autre ne savait pas lire : « C'est affaire entre Madame
et moi ».

Les deux époux se retrouvèrent seuls à l'Hôtel
de Troyes avec toutes leurs subconscientes pensées.
L'un vibrant, comme de cette ardeur impuissante qui
anime sous le souffle des ouragans la ramure des chênes
immenses enracinés. L'autre avec sa résignation inquiète,
sa profonde pitié, sa vague curiosité narquoise. Tel
était le contraste de coloris offert par ces deux états
d'âme en un instant banal, où la force de la nature
vivante opprimait leur accord monstrueux.

Scarron dissimulait son émotion sous un verbiage
galant. Il peint sa joie présente, son anxiété durant
cette longue période de fiançailles, où le torturaient
l'éloignement et ce que comportait de revirement possible une décision toujours révocable. Maintenant
qu'est consacrée cette union à laquelle il raccroche

sa seule chance de survie pendant encore quelques années, il exhale humblement sa reconnaissance.

Alors timidement lui monta aux lèvres la rauque envie qu'il avait de nourrir pleinement son regard de ce corps de femme, dont un contrat l'avait fait maître. Il pria Françoise de se dévêtir.

Lentement, devant ce gnome accroupi dans son fauteuil comme devant quelque infernal censeur gourmand de chair, elle dégrafa son souple déshabillé de ferrandine, tramée de soie de couleur musc, dont elle venait de remplacer la somptueuse robe de noces, prêtée comme pour une mascarade par la nièce du Maréchal d'Albret.

Crissement harmonieux de la toile froissée, musique accompagnant la pantomime haletante de la chair qui se dévoile.

A la clarté fumeuse et jaunâtre des chandelles, sous le déploiement floconneux des légers cheveux clairs, le long souple corps brun apparaît nu, avec l'aspect lisse et brillant de la statue d'ivoire d'une madone, patinée par les baisers des adorateurs.

Elle est debout, immobile devant lui. Légèrement déhanchée, un bras ployé cherchant un appui contre la tablette de marbre de la haute cheminée, l'autre pendant mollement sur la cuisse ferme dont la rondeur s'esquive. Sa chair, sous la fraîcheur de la chambre, n'a que d'imperceptibles tressaillements qui vibrent tout le long de ses membres fins. Ses pieds mignons foulent les lingeries chaudes encore de l'avoir enveloppée.

Pas de paupières baissées, grand ouverts, « les plus beaux yeux du monde noirs, brillants, doux, passionnés. » Souriante sans provocation, mais sans non plus la gaucherie touchante d'un geste de la pudeur blessée, elle offre loyalement son spectacle.

Ses seins dressent franchement leurs têtes dures et roses. Son ventre, sur qui la flamme vacillante trace de changeantes zones de lumière, livre calmement ses plus secrets contours.

Pourtant, Scarron se mit à détailler les charmes de cette frissonnante statue. La gorge sèche, mais la voix chaude, il lui fit compliment des proportions harmonieuses de ses formes, de la grâce captivante de telle ligne que ses yeux dévoraient. Puis glissant insensiblement vers la grivoiserie, il attardait son regard et ses louanges sur le buisson mystérieux où venaient se confondre le tracé net des longues jambes fuselées, et les contours vagues et mouvants des mille plis, légers comme l'ondulation d'un lac, que venait souffler sur chaque aine le vent capricieux de sa palpitation.

Qu'elle était belle dans ce simple holocauste, la chair impavide de cette enfant ! Scarron voulut étreindre cette trop divine image. Il fit l'effort gigantesque de soulever son corps sur ces jambes qui ne le portaient plus depuis dix ans. Un court instant il fut debout sans appui. Françoise poussa un grand cri strident : surprise, horreur, crainte de voir s'approcher cet immobile spectateur. Mais les pauvres jambes estropiées s'étaient vite dérobées : l'infirme tomba violemment à la renverse, sa tête heurtant avec fracas le plancher.

On le releva inanimé. Il fallut que la jeune épouse allât avec l'aide des laquais le porter dans son lit. Il reprit bientôt connaissance, mais alors il fut pris d'une épouvantable crise de douleurs. Toute la nuit elle le veilla : ce fut la longue théorie des compresses, des tisanes. Au petit jour le malade était calmé ; entre ses yeux mi-clos, il aperçut une forme blanche qui reposait à demi allongée sur son lit. Il s'accrocha à elle et, fièvreusement, voluptueusement, il palpa à travers la fine étoffe ce corps moite dont il ne connaîtrait jamais sans doute l'intimité. Sous l'ardeur de cet attouchement, profondément Françoise soupira.

Et cette chaude caresse, promesse d'une irréalisable étreinte, fut pour celui qui la donna, pour celle qui la reçut, la seule satisfaction sensuelle synchroniquement savourée de cette longue nuit.

II

SUR LE TERROIR DE TOURAINE

Les visiteurs assidus de l'Hôtel de Troyes avaient vu avec joie leur académie s'enjoliver d'une présence gracieuse.

Le cercle des amis s'en était rajeuni, resserré, vivifié. Et tous ceux qui passaient là d'agréables heures, tant à prendre part aux interminables joutes d'esprit qu'à suivre la floraison d'une émouvante beauté, pressaient Scarron de toute leur influence pour qu'il renonçât à son aventureuse équipée vers les Amériques.

Mais il tenait ferme : il se raccrochait à l'espoir insensé d'une régénération. Quant à Françoise, elle répondait avec une certaine hauteur à ceux qui lui représentaient quel crime contre la société serait l'ensevelissement de sa jeunesse dans un monde de sauvages : elle se déclarait prête à suivre son mari où il voudrait.

Et pourtant le premier départ de l'expédition n'avait pas été très encourageant. Les seigneurs oisifs, les prêtres qui préparaient l'embarquement étaient absolument dénués d'expérience. On avait acheté deux vaisseaux qu'on avait armés, équipés, approvisionnés au Havre, Nantes étant rendue inaccessible par les troubles frondeurs qui y favorisaient le déploiement impuni du brigandage. Les émigrants avec force bagages voulaient gagner le port par la Seine. Mais le transbordement fut interrompu par une bande d'insurgés qui capturèrent munitions et vivres, de crainte qu'ils ne fussent destinés au parti Mazarin. Il fallut parlementer longuement pour que la caravane pût reprendre possession de tous ses impedimenta. Puis à chaque ville où l'on faisait escale, c'étaient de nouvelles difficultés avec la police.

Déjà lassés par tant de menus incidents, certains colons voulaient renoncer au voyage.

Au Havre ce fut bien pis : les vaisseaux n'étaient pas prêts à appareiller. Alors pour se consoler, on logea à bord, on festoya, on mit à sac les réserves. Puis les compétitions de commandement, de places, les jalousies de femmes, l'affolement des ecclésiastiques troublés dans leur sereine chasteté par les aguicheries qui s'essayaient à tort et à travers — tous ces entrechocs épuisèrent les passagers plus que des mois de navigation. Quant on leva l'ancre, l'intégrité matérielle et morale de la petite caravane était fort entamée.

Ces faits dont se riaient les éternels sceptiques, comme pour se venger de l'enthousiasme primitif des émigrants, calmèrent beaucoup l'ardeur colonisatrice de Scarron. Mais il n'en laissa rien voir. La répression de la Fronde s'annonçait triomphante, Mazarin allait rentrer à Paris, et il semblait opportun au polémiste de mettre quelque espace entre son pauvre personnage et la police du ministre.

D'autre part, autour de Françoise les galants se mettaient à papillonner avec une audace qui croissait à mesure que s'exacerbait leur désir. Méré était venu revoir son élève, et, malgré la froideur pleine de dignité de la nouvelle mariée, l'époux supportait mal le désir que cachaient tant de respectueuses louanges.

En fait la jeune femme faisait un égal honneur à son mari et à son professeur de maintien. Ces noces, si conventionnelles qu'elles fussent, avaient permis à son charme de s'épanouir. En la simple mais élégante dame Scarron, plus rien n'apparaissait de la timide gardeuse de dindons aux gestes gourds. Les nobles duchesses qui frayaient à l'Hôtel de Troyes, n'hésitaient pas à baiser son pur visage, à serrer fraternellement dans leurs bras sa taille souple. Avec le faible aliment des petites ressources du poète, elle avait su s'aménager une parure qui ne détonnait pas dans cette société raffinée. Mais insensiblement la coquetterie dévorante se développait en elle. Et Scarron jugea prudent de couper cet essor.

Il prit donc ses dispositions pour quitter, sous le prétexte d'une émigration, sinon la France du moins Paris. Alors il se résolut à terminer son fameux procès contre les héritiers de Françoise de Plaix, sur la base de la transaction proposée par un arbitrage dont il avait récusé la sentence deux ans plus tôt.

Il reçut pour sa part une somme d'argent comptant, et la propriété des terres de Fougerets et de La Rivière, sises dans le Maine et qui provenaient des apports faits à la communauté Paul Scarron — Françoise de Plaix par sa belle-mère.

Il décida donc d'aller prendre possession de ces domaines, tout en laissant croire à ses amis qu'il partait pour s'embarquer à Nantes. D'ailleurs il n'était pas fâché de se rapprocher d'un port, d'où il pourrait aisément quitter le royaume à la première alarme.

Les époux s'éloignèrent de Paris vers l'automne, à toutes petites journées. Ils arrivèrent dans leur seigneurie située à quelques lieues d'Amboise au moment où — la vendange achevée — la terre se préparait à son long somme annuel. C'était une période peu favorable à une communion sympathique avec la nature. Elle ne diffusait que la pénétrante tristesse des tons roux : feuilles mortes que le vent promène comme d'ostentatoires cadavres, arbres dénudés tendant leurs branches comme les moignons décharnés de mendiants infirmes.

Or le ménage Scarron aurait eu plutôt besoin d'un soleil réchauffant pour animer la solitude de son tête-à-tête. Françoise, tout en se pliant bienveillamment aux rôles successifs d'infirmière, de lectrice, de secrétaire, ne pouvait empêcher sa poitrine gonflée d'exhaler des soupirs de mélancolie. Pourtant elle se fit l'active gérante de ce patrimoine nouveau à organiser : munie par Scarron de pleins pouvoirs et de conseils vagues, elle allait de ferme en ferme, examinant les baux en cours, discutant avec les tenanciers les modalités de renouvellement. Elle fit arpenter les champs, estimer les constructions et la valeur des récoltes, donnant tel fonds en fermage, tel autre en métayage, au mieux des intérêts du ménage.

De Paris les nouvelles qui arrivaient étaient rassurantes. Mazarin réintégré semblait avoir oublié le polémiste qui l'avait si durement atteint. Il embastillait les uns, exilait les autres, mais contre Scarron il ne paraissait manœuvrer qu'un méprisant oubli.

Alors le couple songea à regagner la capitale. Qui en coche, qui en chaise, les époux vinrent se retrouver chez Françoise Scarron qui les hébergea.

Que ramenait Aubignette de cette retraite campagnarde qui avait remplacé l'aventureuse émigration projetée ? Rien qu'un désir non dissimulé de se mêler brillamment à la vie mondaine de Paris.

Hélas ! son ventre souple, toujours lisse et gracieusement galbé, n'abritait pas après ces neuf mois de mariage un petit foetus vivant prêt à paraitre au jour — comme feignait de l'insinuer un gazetier trop cruel ou trop naïf.

> ... Car un sien ami tient, sans feinte,
> Que sa digne épouse est enceinte
> De trois ou quatre mois et plus...
> Et puis dites qu'il est perclus !

Quant à Scarron, cette renonciation aux bienfaits de la terre d'Amérique comportait une abdication définitive de la virilité et de la santé.

Triste au fond de l'être, mais résigné, prêt à s'organiser et à rire dans son infortune, résolu à savourer et à épuiser les rares possibilités de jouissance qui lui restaient, tel était le gnome à face hilare, plus paralysé et recroquevillé que jamais, qui débarqua rue des Douze-Portes en février 1653.

III

LE BURLESQUE PARÉ DU PLUMAGE BOURGEOIS

Il fallait aux Scarron un nid où abriter leurs platoniques roucoulements, un siège où réunir toute l'académie d'élégants et diserts causeurs qui ne demandaient qu'à se grouper autour d'eux. Ils prirent à loyer, pour trois cent cinquante livres par an, un des hôtels de construction récente de la rue Neuve Saint Louis. Et ils s'ingénièrent à meubler et à décorer ce refuge d'où ils ne devaient presque plus sortir.

Scarron le révolté, le brouillon, le bohême, prenait une façade de bourgeois cossu. De quel combustible chaufferait-on ce foyer exigeant, on s'en souciait peu. On construisait le cadre, demain au gré du hasard on l'animerait.

Pour sa rentrée dans le monde policé, pour illustrer une attitude qui était en somme une soumission à l'arbitraire de l'ordre établi, le poète ne crut pouvoir mieux faire qu'adresser une proclamation respectueuse au Roi. Cachant les inévitables louanges sous une feinte sincérité familière, il faisait au monarque une spirituelle démonstration de la nécessité logique où il se trouvait de le pensionner :

« Si Votre Majesté me faisait un peu de bien, je serais plus gai que je ne suis, je ferais des comédies enjouées. Si je faisais des comédies enjouées, Votre Majesté en serait divertie. Et si Elle en était divertie son argent ne serait pas perdu ! »

Mais Louis XIV, qui n'était encore que le protégé de Mazarin, ne prêta aucune attention à cette dialectique. Quant à la Reine-mère, elle se souvenait parfaitement de son ex-officier, mais elle jugeait peu digne d'intérêt un miséreux qui faisait de folles dépenses, s'offrant ainsi vainement le luxe d'entretenir une femme, « meuble le plus inutile de sa maison! »

Ainsi la Cour feignit d'ignorer ce poète dont tout Paris s'entretenait. Et, somme toute, c'était de sa part une attitude déjà bénévole dont Scarron aurait eu lieu de se louer, s'il avait songé à se rappeler l'image des gibets réservés aux rebelles.

Mais comme à chacune de ses incartades, le grand enfant fuyait d'abord loin des coups, puis revenait la mine souriante, croyant tous ses torts lavés, simplement parce qu'il n'avait pas reçu la rude bastonnade qu'il redoutait.

Cette bouderie le déçut. Mais vite il se consola par l'accueil enthousiaste que lui fit le monde des lettres. Les marchands de papier imprimé et les comédiens vinrent à lui comme à un arbre toujours fécond, où il n'y avait qu'à récolter. A l'un il promit un nouveau recueil de vers, à l'autre il accorda le droit d'éditer « Don Japhet », aux autres il demanda quelque répit.

Sa production littéraire commençait à lui créer des revenus faciles. Il disait à Françoise dont cette installation luxueuse froissait un peu la rude coutume d'économie : « Mais j'ai mon marquisat de Quinet! » Il voulait dire les droits d'auteur que lui devait le libraire Toussaint Quinet.

Quant à la vie intérieure du ménage, baignée d'une atmosphère mêlée de compassion prévenante et d'admirative adoration, elle se façonnait peu à peu, comme se moule à la forme de deux corps allongés côte à côte, l'épaisse couche d'herbage du pré où un couple d'amoureux est allé s'étendre. Dans de longues conversations intimes, Scarron donnait à l'esprit de Françoise l'enseignement souple et vivant que Méré avait fourni à ses gestes et à son langage. Elle apprit ainsi en peu de temps à comprendre à livre ouvert l'italien, l'espagnol et le latin.

En échange des confidences de sa triste existence d'orpheline opprimée, il lui expliquait avec des éclats de voix joyeux, dont il dédaignait de voiler d'un regret la sonorité éperdue, en des termes dont il s'amusait à essayer sur sa naïveté la crudité tranchante, il lui expliquait la vie idéale, telle que lui, Scarron, l'avait vécue, telle qu'il ne pourrait jamais plus la vivre... Souvent il lui lisait, pour se les relire à lui-même, de ces vers pétillants qu'il avait écrits à vingt ans, ou bien certain passage de ses ouvrages publiés dont son oreille aimait à retrouver le son.

Il lui disait avec plus d'humilité que de cynisme : « Je ne vous ferai sans doute jamais faire les sottises que les maris font faire à leurs femmes, du moins je vous en apprendrai beaucoup. »

Il comprenait quel danger courait la fidélité d'une jeune femme à un époux aussi décevant pour ses sens. Mais il croyait bien agir pour la protéger en lavant à grands coups de réalistes révélations le vernis de son innocence. D'ailleurs il se sentait garanti par cette froideur, cette indifférence pour le pourquoi et le comment de l'amour si manifeste chez Françoise.

Pour la cuirasser mieux encore contre les tentations de la chair, il lui décrivait crument les mille aspects dont l'attrait sexuel revêt ses passions et ses égarements.

« Je veux que vous soyez — lui disait-il — aussi insensible qu'une Lacédémonienne. Vous ne pouvez être défendue par moi, il faut du moins vous aguerrir. D'ailleurs je ne puis vous donner les plaisirs du mariage, il faut bien du moins que je vous en apprenne les termes. »

Peu à peu pourtant, la jeune femme prit quelque autorité : il ne se borna plus à faire d'elle un témoin muet du déchaînement de sa verve, il demanda son approbation, son avis, ses conseils ; bientôt même elle fit entendre spontanément son opinion qui contenait bien des fois des griefs justifiés. Elle aurait voulu qu'il abandonnât toutes ces expressions dont la verdeur la choquait profondément, qu'il renonçât à bien des anecdotes pimentées, et surtout qu'il perdît cette attitude de scepticisme libertin qu'il adoptait envers les choses sacrées de la religion.

Car dans sa grande ferveur pieuse, Françoise souffrait de voir destinée aux châtiments suprêmes des méchants cette âme qu'elle sentait, en dépit de sa brutalité affectée, si pleine d'humaine bonté.

Les résultats du jeu réciproque de ces deux influences, s'ils ne furent ni immédiats, ni décisifs, n'en sont pas moins réels : au contact de son mari, la jeune femme non seulement se déniaisa, perdit une foule d'ignorances puériles et de préjugés mesquins, mais encore elle reçut pour son bon sens pratique, déjà développé par l'adversité précoce, de robustes leçons de logique, de patience, d'espoir, de simplicité. Pour lui plaire Scarron adoucit souvent le ton et la forme de ses réparties, mais sur le chapitre de la religion, les prêches persévérants s'émoussèrent contre la tiédeur de l'ancien chanoine.

Bien souvent, dans son appartement qui occupait le premier étage de l'hôtel, Françoise passa des nuits sans sommeil à prier le Ciel pour le malheureux infirme qui dormait au-dessus d'elle. Longtemps elle restait agenouillée dans son petit oratoire, tapissé d'un brocart rubis essaimé de fleurons d'or. Puis secouant sa torpeur, elle regagnait sa chambre, cherchait dans son secrétaire de poirier verni une petite bible ancienne finement reliée en veau noir, qu'elle conservait du temps où sa tante Mme de Villette lui apprenait à lire ces pages feuilletées par le Grand Agrippa. Elle allait s'étendre sur son lit à longues colonnettes, recouvert de damas jaune, et elle cherchait à retrouver le passé dans des versets si connus d'elle que son esprit lisait sans son regard.

Parfois l'aube faisant palpiter sa présence à travers les rideaux de toile la tirait de sa rêverie. Alors, jetant comme un regard confus vers les juges d'Israel qui semblaient sortir de la tapisserie, elle allait vite souffler les flambeaux qui brillaient sur la cheminée, et elle courait prestement se blottir dans ses draps comme une enfant peureuse. En passant devant la grande glace de Venise, elle emportait l'image d'une jeune créature souple sous sa longue chemise, aux yeux enfoncés dans un large cerne de fatigue, et qui lui paraissait jolie.

Elle s'endormait bien vite dans des rêves insouciants, tandis qu'à l'étage au-dessus enfoncé sous ses courtines, enfoui sous ses couvertures, l'infirme qui ne pouvait retourner son corps dans son lit écoutait impassiblement, les yeux grands ouverts, les heures marquer leur lent passage au clocher de l'église Saint-Cosme.

IV

Aux abords de trois heures, la voie paisible commençait à s'animer sous les fenêtres de l'hôtel Scarron. Les premiers visiteurs, qui à pied, qui en chaise, qui en carrosse, apportaient déjà leur oisiveté quêteuse d'amusement. La vogue de l'Hôtel de Rambouillet était éteinte, les complexités délicates que ressassaient les fidèles de Mademoiselle de Scudéry commençaient à lasser l'esprit mobile de l'élite élégante ; la chambre du Burlesque recueillait donc le gros du public avide de conversations.

Aussi, devant le portail se pressaient les riches brocarts, dans l'étroit couloir d'accès se coudoyaient avec mille politesses ce que la Cour, la ville, les lettres et l'armée contenaient de gens spirituels, riches, aimables, libertins. Et dans la cour stationnaient les véhicules armoriés, veillés par le concert des voix grasses des laquais.

Mais maintenant tout est encore silencieux. Segrais

et le Maréchal d'Albret ont monté tout en devisant les deux étages qui mènent à la salle de réunion vide encore. Ils jettent un coup d'œil complaisant et familier au « Ravissement de Saint Paul », brossé par Poussin, qui occupe le fond de la pièce, puis ils laissent tomber sur deux larges chaises accotées à la grande table de noyer massif leurs corps alourdis par la digestion. Ils promènent leur regard sur les livres dont débordent les deux bibliothèques et qui étalent leurs titres à travers les mailles du grillage de fer.

Mais de la chambre de Scarron contiguë à cette salle, ne tarde pas à arriver la forte voix du poète : « Or çà — amis — on entre sans trompette, et on laisse sans pitié les rimes dévorer leur père !» A ces mots, ils entrent dans la pièce parée de tapisseries d'Angleterre, et s'asseyent avec de gros rires sur les « chaises caquetoires » qui entourent la sellette de l'infirme.

C'est que Scarron, penché sur ses papiers où il s'enfonce depuis l'aube sans avoir fait la moindre toilette, les cheveux en désordre, les habits enfilés au hasard des trous qui se sont présentés les premiers, a vraiment une mine grotesque. « Au diable les fadaises ! » Il tourne péniblement vers eux son visage flétri dont des ruisselets de rides soulignent le rictus, mimique hilare ou grimace de douleur selon que s'allume ou se voile l'éclat de ses grands yeux bleus.

Un pas souple a fait soupirer le plancher marqueté et a dressé les deux hommes : Françoise déjà vêtue pour l'après-midi vient recevoir les visiteurs. Elle est d'une élégance toute simple : collet de point de

Gênes qui encadre sa nuque brune, justaucorps de velours bleu qui dessine les rondeurs mouvantes de sa poitrine, longue et large jupe de taffetas à ramages bleus et blancs.

Les hommes la trouvent charmante et en font leur compliment tant à elle qu'à son mari.

Et Segrais brutalement : « C'est bel et bien de l'avoir épousée. Mais mieux serait d'avoir d'elle un enfant ! »

Mais Scarron, sans s'émouvoir :

« Voudriez-vous donc, mon cher, m'aider à me procurer cette satisfaction ? J'ai ici Mangin, mon valet de chambre, qui remplira cet office à point nommé. Dis, Mangin, ne feras-tu pas bien un enfant à ma femme ? »

Et là-dessus, comme l'autre réplique, en riant niaisement : « Oui-dà, Monsieur, s'il plaît à Dieu », Françoise s'esquive avec un haussement d'épaules plus indulgent que confus, pour aller accueillir la comtesse de Fiesque.

Cette Gilonne d'Harcourt, qu'on appelait familièrement la reine Gillette, intrigante, grande confidente de Mademoiselle, plaisait d'ailleurs plus à Scarron qu'elle amusait par son extravagance qu'à Françoise choquée par son goût du scandale.

Mais pour que la réunion fût réussie, il fallait au Burlesque qu'il pût voir papillonner autour de sa chaire beaucoup de belles ; plus hardies elles étaient, plus provocantes leurs manières, mieux s'animaient les hommes et plus brillant s'avérait le tournoi d'esprit.

Cependant les visiteurs se mettent à déferler en vagues plus pressées, les habitués qu'on aborde avec un sourire de complicité, les exceptionnels qu'on accueille froidement ou avec chaleur, selon qu'on craint ou qu'on espère les voir reprendre une autre fois le même chemin.

Et puis il y a aussi ceux qu'à haute voix, sans pudeur vaine, sans mystère, on remercie avec effusion : ce sont ceux qui ont envoyé quelque provision pour la collation, ou quelque meuble nouveau, quelque bibelot précieux pour orner l'hôtel.

Peu à peu tous les sièges de l'appartement ont reçu leur fardeau de dames pesamment brochées. Et les hommes debout forment des groupes bavards, entourant d'une guirlande changeante la beauté qui attire leurs sens, ou le bel esprit qui séduit leur pensée, ou le puissant personnage qui capte leur cupidité. Sur le palier même les bandes piailleuses débordent.

Ainsi autour de cet infirme qui riait et faisait rire en dirigeant l'orchestre des « coyonneries », mille préoccupations étrangères ralliaient l'oisiveté blasée de cette tourbe de grands seigneurs.

Mais voici que, comme sous une lame de fond, le flot régulier des murmures bavards se met à osciller. « Qui ? Quoi ? Qu'est-ce ?... » Un fastueux carrosse entouré d'une escorte de cavaliers vient de s'arrêter sous les fenêtres. Serait-ce un prince du sang ? Mais il n'en descend qu'un petit homme vulgaire, mal attifé, aux yeux durs : c'est Turenne. Le stratège taciturne était venu s'offrir le spectacle de toute cette éloquence. Mais il repartit vite, ayant à peine prononcé quelques phrases toutes pleines de raison, que l'assistance but en se délectant et en laissant s'échapper comme malgré elle de longs murmures flatteurs.

Cependant, auprès de Françoise ses habituels cavaliers servants sont venus prendre leur place : le comte de Ludes casse pour elle en aimables courbettes son corps altier et déploie pour la séduire toutes les ressources de sa science d'homme de cour. Le chevalier de Méré cache sous un apparent libertinage philosophique son ardeur toujours vivante. Le sieur de Raincy, amateur des chastes idylles à la mode de Scudéry, cherche à ensorceler la belle dame par le jeu savant de ses parfums et de ses parures. Françoise éclate de rire aux plaisanteries de ses assaillants, illumine tantôt pour l'un, tantôt pour l'autre, l'ovale gracieux de son visage, puis soudain s'échappe et les plante là tous les trois, interdits, face à face, avec un compliment ou une pointe en train d'éclore au bout des lèvres.

Deux tendances tiraillent en sens contraire la conversation générale, où finissent par venir se noyer les dialogues particuliers : la galanterie et la science.

Les Madeleine de Scudéry noblement drapée dans une chair déjà un peu rance, les mignonne marquise de Sévigné tendant à l'amour un corps tout vibrant sous de récents voiles de veuve, les Ninon de Lenclos pétillante d'esprit et de grâce, sont autant de flammes autour desquelles volettent audacieusement jusqu'à roussir leurs ailes les papillons légers.

Mais les lourds bourdons aux pattes ouvrières trouvent aussi leurs massifs féconds où butiner tout leur saoul, et le bruissement de leur vol enveloppant grise de satisfaction orgueilleuse un Ménage buvant des aphorismes sur son pourpoint crasseux, un Tristan l'Hermite chevrotant des vers aimables encore, mais que l'oreille a peine à saisir, un Chapelain, muet et grave comme un Olympien.

Les petits abbés sont des amphibies qui vivent avec une égale légèreté sautillante dans le frivole et dans l'austère. Ils courent de groupe en groupe, marivaudant, jurant à faire frémir Françoise, raillant Dieu dont ils portent le signe, se précipitant au devant des tentations qu'ils devraient fuir, et avec une telle insouciance qu'ils semblent purs d'intention.

Dans un coin, abritant leurs oreilles des propos dévergondés, un petit cercle de dames jaunies, vêtues de noir, dont les fronts parcheminés montrent le sceau de la bigoterie, ce sont les amies chéries de la maîtresse de maison, que celle-ci délaisse aujourd'hui pour de plus prestigieuses distractions : la Montchevreuil aux dents trop longues, la Brienne-Loménie, femme de l'influent secrétaire du Grand Conseil, la Revel savante et pieuse.

Et là-bas rivé à sa jatte, Scarron épanoui écoute, réplique, propose, conteste, mime, gouaille et rit avec l'aisance et la souplesse d'un poisson cherchant sa pâture parmi les rochers, les monstres voraces, contre les courants, dans les profondeurs d'un océan en furie.

V

QUI PREND FEMME GAGNE SOUCIS

La réputation du Burlesque ne cessait de grandir, on se passait de bouche en bouche son adresse et on allait l'entendre vaticiner comme on allait voir le « lion de la foire ».

Il finit par se lasser de cette célébrité factice et éprouva le besoin de trier ses relations. Ainsi peu à peu des déjeuners intimes remplacèrent les fastueux après-midi. La chère en était évidemment fournie pour la plus grande partie par les hôtes, trop heureux d'échanger quelque poularde ou quelque pâté contre l'honneur et le plaisir d'une telle invitation.

Là c'étaient Alexandre d'Elbène, parrain de Scarron, le peintre Mignard, le comte de Ludes, le maréchal d'Aumont qu'on voyait le plus souvent réunis.

Pendant le repas, des musiciens et des chanteurs souvent pris dans la troupe royale du Louvre, déversaient sur la conversation et la digestion le lubréfiant de leurs mélodies. Après le festin, le poète se retirait avec quelques-uns pour leur lire des pages sur lesquelles il voulait prendre leur avis. Les autres courtisaient Françoise de la plus accorte façon, mais elle ne tardait pas à leur échapper pour s'enfermer dans sa chambre avec quelque ravaudage ou quelque livre.

Ainsi la vie du ménage se passait presque exclusivement à l'intérieur de la maison, Françoise faisait bien quelques visites, échafaudait aussi de temps en temps une fugue à la campagne avec des amies : pèlerinage vers une chapelle ou un couvent ; ou bien parfois elle allait promener sa beauté et ses sourires le long du Cours-la-Reine. Mais Scarron ne sortait plus de chez lui. Il ne fit exception que pour Ninon de Lenclos, chez qui il alla de rares fois savourer des mets originaux et une conversation brillante, buvant avec l'hôtesse à la santé du financier Fourreau, qui était son entreteneur en titre, aussi bien qu'à celle de Moreau, membre du Grand Conseil, qui était son amant officiellement reconnu.

Pour les femmes, Scarron rehaussé du prestige de sa gloire et de son esprit, n'était nullement un objet d'horreur, en dépit de sa monstruosité physique qui chaque jour s'aggravait. Elles permettaient — certaines même aimaient — qu'il leur adressât par écrit ou en paroles des louanges, où il prêtait à son âme toutes sortes d'ardeurs précises et concrètes qui s'appliquent plus normalement à un corps qu'à un souffle immatériel. Mais, par cette fiction, le gnome se dédoublait et c'est tout ce qu'il y avait en lui de gracieux et de charmant qui se tournait vers les femmes. Aux plus dévergondées comme aux plus prudes, aux plus mûres comme aux plus jeunes, il lançait des épîtres enflammées auxquelles elles répondaient par des sourires acquiesçants et même parfois par d'autres épîtres, de leur crû ou commandées, dans lesquelles elles le louaient comme un dieu.

Certes, Françoise n'éprouvait nulle contrariété de ces infidélités innocentes de son époux. Sa propre conduite donnait au pauvre homme des soucis plus âpres et plus justifiés. Mais qu'il était malaisé de reprocher quoi que ce fût à une créature douce, qui se faisait si humble, qui fuyait bien plus la tentation qu'elle ne l'allait chercher! Chaque courrier apportait pour elle des pelletées de billets doux que Scarron lisait, appréciait, corrigeait jovialement de leurs imperfections. Mais si, somme toute, il tolérait assez facilement les inévitables débordements d'un instinct naturel, il s'efforçait d'éloigner de sa femme tout ce qui était vicieux, malsain, pervers. Il craignait autant pour elle la fréquentation des bigotes faisant l'apologie des macérations ascétiques, que celle des disciples plus ou moins avouées de Sapho.

Mais les distractions des deux époux, qu'elles fussent prises en commun ou séparément, n'allaient pas sans un fol gaspillage d'écus.

Or les ressources du ménage étaient maigres. Les droits perçus sur les éditions et rééditions des œuvres du poète suffisaient à peine à calmer l'impatience de la foule des créanciers que la luxueuse installation de son hôtel avait attachés à ses pas.

Alors on se mit à vendre des pièces du mobilier, sans s'occuper de savoir si elles avaient été achetées ou données par des amis. Ainsi fut livrée au financier Jabach la toile de Poussin que, malgré sa liaison amicale à Rome avec le peintre, le Burlesque méprisé pour sa frivolité avait eu tant de peine à obtenir, en échange de nombreux exemplaires de ses propres ouvrages.

Mais la meilleure mine à exploiter était encore le théâtre. Là Scarron avait toujours eu de brillants succès — et sans grand'peine. La littérature espagnole était inépuisable en intrigues à transposer, et Francisco de Rojas était encore un joli fruit juteux facile à presser.

Cette fois il adopta un genre un peu différent de son ancienne manière. Le rire sempiternel à gorge déployée lui parut pouvoir élégamment se teinter d'une pointe légère de tragique. Bientôt donc, vers la fin de l'année 1654, les élus des déjeuners intimes virent se développer le nouvel embryon qui devait être « l'Écolier de Salamanque ».

Or, parmi ces passionnés de littérature, qui écoutaient bouche bée les idées que le poète animait devant eux avec une belle franchise, il se trouvait toujours des pêcheurs malintentionnés qui dissimulaient un bon hameçon dans leurs gerbes de louanges.

Cette fois ce fut Boisrobert qui trouva le sujet à son goût, s'en empara, bâcla une rudimentaire intrigue sur son larcin et adressa sa tragi-comédie à la troupe de l'Hôtel de Bourgogne, avant que Scarron qui marchait à petits pas eût songé à présenter la sienne.

Par malheur ces comédiens recevaient au même moment une pièce ressemblant beaucoup aux deux autres et signée Thomas Corneille : alors on intrigua, une cabale des précieuses réussit à faire écarter Scarron qui dut porter son œuvre à la troupe du Marais.

Elle eut d'ailleurs un succès honorable qui ne suffit nullement à apaiser le poète. D'autant moins que sa dédicace fervente à Mademoiselle ne lui avait rapporté qu'une maigre aumône de cinquante pistoles.

C'est alors que, pour exploiter sa popularité, il songea à tenir une gazette. Certes il s'entendait à présenter sous des fioritures plaisantes le moindre petit fait banal. Comme les petits potins, les anecdotes, les faits, les gestes de n'importe quel infime pantin de la Cour apparaissaient savoureux accommodés à la sauce burlesque !

Mais il n'est pas d'habile cuisinier parmi les plus habiles qui puisse confectionner des mets exquis, sans employer d'autre matière que le souffle de son génie. Or Scarron infirme ne pouvait aller au marché. D'autre part, les mille personnes qui fréquentaient chez lui et auraient pu lui rendre le service de l'approvisionner, soit qu'elles fussent les clients d'un marmiton voisin, un Loret, un Robinet, soit qu'elles fussent incapables de recueillir des aliments consistants, ne lui apportaient que des marchandises de second choix, pourries ou frelatées.

Quand il était à court de nouvelles, il tirait des anecdotes de son imagination. C'est ainsi qu'un jour il écrivait au hasard de sa fantaisie :

> « Autre histoire : un homme sans nom
> Arrive à Paris de Bourbon
> Vendredi, samedi s'habille
> Chez un fripier, voit une fille
> Dimanche et l'épouse lundi.
> Il peut dire : veni, vidi
> Et vici, si l'on l'en veut croire.
> L'on doute si cette victoire
> Est victoire sanglante ou non. »

Or précisément ce même lundi, Monsieur de la Fayette, rentré des eaux, avait épousé Mademoiselle de la Vergne. Qu'un lecteur facétieux ait suggéré cette clef facile, et elle fit le tour de Paris. Scarron, outré et épouvanté de l'audace qu'on lui prêtait, dut s'évertuer à prouver son innocence par le texte. Et vraiment comment aurait-il pu désigner La Fayette sous l'étiquette « d'homme sans nom ? »

En tous cas, au quinzième fascicule, lassé il s'arrêta. Les gazettes avaient eu des lecteurs, mais peu empressés. Et les dédicaces à d'illustres personnages qu'en tête de chacune Scarron n'avait manqué de placer, n'avaient nullement réchauffé la faveur de l'ex-pensionnaire de la couronne. Ni la Reine-mère, ni le Roi, ni Gaston d'Orléans, ni Mazarin n'avaient voulu faire mine de se rappeler qu'il existait un glorieux, un malheureux poète digne de leur protection.

Cependant la maladie ne cessait de corroder sa carcasse misérable. La douleur s'offrait de temps en temps la fantaisie d'une localisation, sans diminuer pour cela son emprise générale.

Au cours de l'année 1655, il dut à la suite de maux d'oreille interrompre tout travail pendant plusieurs mois. Les chirurgiens le farfouillèrent. Puis la souffrance alla se nicher dans un autre coin.

Le poète se remit au travail : il publia un « Recueil de Nouvelles », plutôt traduites que transposées du texte espagnol. Mais la rivalité de Boisrobert était acharnée : son frère Le Metel lança au même moment une série de contes analogues. Les deux auteurs s'accusèrent mutuellement de plagier les écrivains d'au-delà les Pyrénées. Scarron appela à l'aide la Justice pour défendre la possession des titres qu'il avait donnés à ses contes, et dont les Boisrobert s'emparaient sans vergogne.

En tous cas, c'étaient là beaucoup de soucis pour un pauvre homme qui luttait contre la souffrance, qui contraignait ses mains rebelles et son cerveau lourd à travailler pour peu de fruits, qui voyait rôdant autour de son foyer de brillants amis convoitant sa femme, de renfrognés créanciers prêts à saisir ses meubles pour se payer.

VI

LE MENDIANT QUI CONTE FLEURETTE AUX REINES

Soudain pourtant la fortune parut esquisser les premiers pas d'une réconciliation. Elle se manifesta par l'intermédiaire d'un personnage essentiellement représentatif de sa faveur : le surintendant Foucquet.

Plus que jamais pressé par ses besoins d'argent, harcelé par son propriétaire, aiguillonné par son beau-frère Charles d'Aubigné, traîneur de sabre qui, sous couleur d'emprunts, dérobait sans cesse à Françoise des poignées de pistoles, Scarron avait fait un suprême appel aux finances royales, en dédiant à Abel Servien sa onzième gazette. Ce personnage était chargé d'engager les dépenses de la Couronne. Or, tandis que le poète affamé guettait d'un œil inquiet ce robinet d'où allait peut-être tomber quelques écus goutte à goutte, c'est de la source même qu'il reçut subitement une onde bienfaisante.

Nicolas Foucquet chargé de faire rentrer les fonds dus au trésor, voulut bien spontanément irriguer l'enclos sec du ménage Scarron. Le pauvre homme en eut une joie inimaginable. Cette générosité, non quémandée, lui parut l'attribut d'un dieu.

A vrai dire, subrepticement, entre le magnanime surintendant et le crève-la-faim de la rue Neuve Saint Louis, s'était déployé le patronage agissant de Pellisson. Cet ami du poète, confident du grand argentier, avait su en effet faire valoir auprès du maître tout ce que le talent de Scarron renfermait de possibilité de louanges immortelles.

Le Burlesque, qui trouvait si naturel que l'on répondît à ses requêtes, suppliques, dédicaces, par des deniers comptants, estimait réciproquement qu'une pension offerte de plein gré valait pour le donateur et tout son entourage une profusion indéfinie d'éloges.

Il se mit donc à la besogne. Pour Nicolas Foucquet il fit une comédie : « Le gardien de soi-même », une fable « Léandre et Héro », à son frère il adressa « Le marquis ridicule », à sa femme il dédia la seconde partie du « Roman Comique ».

Mais, comme au jeu de grâces, où des deux côtés l'on se jette des anneaux qui se croisent toujours de plus en plus haut, à mesure que l'ardeur anime la partie, il eût souhaité que cet assaut de libéralités et de dédicaces s'enfiévrât et s'amplifiât sans cesse. Alors ses placets s'attachèrent aux pas de Foucquet et de Pellisson ; dans toutes leurs pérégrinations ils entendaient parler la détresse de l'infirme. Souvent ils ne répondaient plus, souvent aussi par lassitude ou par pitié ils envoyaient quelques écus que la meute des créanciers avait tôt fait de déchiqueter.

Quand sa bourse était vide, Scarron envoyait ses valets quêter de maison en maison. Là où on les avait chassés à coups de trique, il espérait qu'une démarche personnelle aurait plus de succès, et il allait, la plupart du temps en vain, parlementer avec les rustres en livrées qui protégeaient la tranquillité de leur maître.

Périodiquement aussi il tâtait le pouls de sa faveur en Cour, car la moribonde paraissait se rétablir un peu. Il avait ouï dire que la Reine avait lu ses dernières comédies, le Roi quelques unes de ses gazettes. Bientôt il entreprit un plaidoyer pour se décharger du poids de la « Mazarinade » : Retz, l'incorrigible agitateur, les brouillons crieurs de rues, qui s'étaient cachés sous son nom, voilà les vrais coupables de cette injuste polémique dont on avait torturé le pauvre Jules.

Jule, autrefois l'objet de l'injuste satire,
Est aujourd'hui l'objet de l'amour des François.
Par lui le plus aimable et le plus grand des rois
Voit craindre sa puissance et croître son empire !

Cette fois encore la Cour ne broncha pas.

Pourtant un jour gris de l'hiver 1657, Scarron pour la seconde fois faisait véhiculer sa pauvre carcasse endolorie vers le Louvre. Il était mandé par la reine Christine de Suède.

Cette princesse avait abdiqué pour jouir de la vie

sans contrainte. Elle était passionnée de littérature, de science, de philosophie, amatrice de toutes les sensations. Elle protégeait le talent, jadis elle avait attiré à sa cour Descartes.

Mais cette intellectuelle qui aimait à passer de longues heures à discuter gravement de doctes questions métaphysiques, n'en était pas moins femme à la chair avide de retentissantes étreintes, et pour assouvir ses caprices elle entretenait toute une cohorte d'officiers. Telle était l'hôtesse du Roi de France.

De la résidence de Fontainebleau qui lui avait été offerte, elle faisait de fréquentes incursions dans le Paris de la Cour et des Lettres qu'elle désitrait pénétrer intimement. C'est ainsi que Ménage, qui entretenait avec elle une correspondance régulière depuis plusieurs années, avait été chargé de lui faire connaître tout ce que la littérature comptait de représentants illustres.

Aujourd'hui Scarron se rendait à cette flatteuse exhibition. Tandis que tout naturellement il se remémore son entrevue d'il y a vingt ans avec l'imposante Anne d'Autriche, devant qui il n'était tout d'abord qu'un gamin balbutiant — il s'apprête à affronter dignement la souveraine.

Mais la petite reine devant qui on l'introduit n'a nullement l'aspect majestueux ; elle a l'air d'un garçon intelligent et vicieux : habillement mi-masculin, mi-féminin, visage viril poudré et fardé, corps hardi mais déformé.

Cette femme à l'apparence plutôt désagréable se

révélait une charmeuse dans la conversation. Elle avait une manière affable de poser familièrement des questions fécondes en confidences, propres à permettre à l'interlocuteur de développer son personnage dans une atmosphère favorable : les plus sauvages des caractères d'élite se laissaient apprivoiser.

Quant à Scarron, il fut séduit, enthousiasmé. Avec cette fièvre qu'il mettait dans tous ses engoûments, dans tous ses espoirs, il entrevit la fortune au bout de cette amitié facile entre la souveraine avide de jouir, et le poète riche de l'expérience de ceux qui ont abondamment vécu. La reine lui avait dit : « Je vous permets d'être amoureux de moi. La reine de France vous a fait son malade, moi je vous crée mon Roland ». Et lui de répondre avec une audace galante : « Vous faites bien — Madame — de me donner ce titre, puisqu'autrement je l'aurais pris ! »

Il s'empressa donc d'adresser à Christine une de ses comédies accompagnée d'une lettre de louanges. Puis il se mit à lui écrire régulièrement sur ce ton galant et amoureux qu'il employait avec les femmes du monde, en vertu de cette fiction d'un cœur jeune et beau parlant en son enveloppe disloquée. La reine, habituée à de bien plus étranges amours, accepta facilement ce langage, et elle parlait en plaisantant à Françoise de ses infidélités que pour elle son mari commettait. D'ailleurs elle était aussi habile à séduire l'un et l'autre des époux : « Avec la plus aimable femme de Paris, vous êtes l'homme de Paris le plus gai », dit-elle un jour au poète.

Et pourtant ces relations flatteuses, à part cet état
d'excitation joviale favorable au travail dans lequel
elles le jetèrent, ne lui avaient pas rapporté beaucoup
d'avantages matériels. Christine prodiguait peu ses
gratifications, mais Scarron dépensait avec tant de
plaisir les rares écus qu'elle lui donnait !... Et puis la
seule joie de ce badinage avec une reine, de cet échange
allègre de répliques et de lettres ne le payait-elle pas
largement de la peine qu'il se donnait pour distraire
cette capricieuse amie ?

Mais il fallait vivre : alors il vendit les terres des
Fougerets et de la Rivière. Son acquéreur, qui était
un ami et un rare honnête homme, lui paya d'ailleurs
pour ses propriétés trois mille livres de plus qu'il ne
lui avait demandé, estimant, après les avoir visitées,
qu'elles valaient réellement plus que le prix réclamé
par le poète, dans sa folle impatience de se procurer des
deniers comptants. D'ailleurs Madeleine Scarron,
épouse du sieur Cicogne, n'allait pas tarder d'opérer,
au prix d'acquisition de Nublé, le retrait lignager de
cette terre qui avait fait partie du patrimoine de sa
mère.

Il négocia aussi tant bien que mal sa part d'associé
de la Compagnie des Indes Equinoxales. L'entreprise
avait piteusement tourné.

Les colons, déjà bien épuisés par le laborieux départ,
avaient usé leurs dernières forces et leurs ultimes
ressources dans les délices d'une escale à Madère.
Puis, à grand peine, malgré les souffrances de la soif et

de la chaleur, malgré les désordres de mutineries continuelles, on avait mouillé devant la terre promise :
l'Ile aux oiseaux. Aspect enchanteur, abord décevant.
Alors on poussa vers le continent, on s'installa péniblement après avoir pactisé non sans mal avec les indigènes.
Mais dans l'attribution des concessions les querelles
reprirent, et ce fut bientôt un perpétuel état d'hostilité
entre les associés. Si bien qu'un jour inopinément les
sauvages firent une incursion victorieuse. Pourtant on
les repoussa, on les massacra, on s'installa dans leurs
villages. Les colons goûtèrent à ce moment une douce
oisiveté, mangèrent sans soucis leurs provisions,
auxquelles s'ajoutait la nourriture, en viande ou en
plantes, que le hasard mettait à leur portée. Bientôt
arriva la disette, la saison des pluies, avec son cortège
de moustiques et de maladies, acheva de décourager les
survivants. On se rembarqua et on regagna la métropole.

Mais la société n'était pas dissoute ; malgré tout
d'autres expéditions se préparaient. Et ce sont ses
droits dans cet actif social que Scarron réussit à vendre.

Ces réalisations avaient donné un peu d'aise à la
trésorerie du ménage. De plus, Gaston d'Orléans avait
accordé au poète un office de maître des requêtes en
son conseil qui comportait un petit traitement. Mais
à peine avait-on quelque argent qu'on engageait de
nouvelles dépenses au lieu de solder les anciennes. Les
dames les plus cotées par leur naissance, leur élégance,
leur esprit recherchaient et invitaient Françoise à
l'envi. Tant de contacts avec le clan des raffinés n'allaient

pas sans nécessiter de fréquents renouvellements et embellissements dans la garde-robe de la jeune femme.

Or Scarron commençait à négliger le principal gagne-pain qu'il possédât, son métier, la poésie. Lui aussi il était contaminé par les mondanités dissolvantes. A recommander les œuvres de ses disciples, à correspondre avec bon nombre de belles dames, à apprendre aux autres la recette des alexandrins, à corriger leurs sonnets, il épuisait les rares loisirs et les forces que lui laissaient ses crises douloureuses.

Cependant, pour alimenter sa persistante rivalité avec Boisrobert, il se donna pour tâche d'achever une tragi-comédie ayant le titre de celle que préparait son adversaire, et qui avait été laissée inachevée par la mort de son cher ami Tristan l'Hermite, *Les coups de l'Amour et de la Fortune*.

Mais la création littéraire était dès lors une trop lourde fatigue pour son organisme épuisé. Il avait dilapidé trop de sa substance en vains libelles, en conversations futiles, et il commençait à faire d'inutiles efforts devant le papier, pour presser de son pauvre cerveau usé des idées qui lui parussent neuves et plaisantes.

LE RIRE QUI S'ÉTEINT

I

A LA RECHERCHE DE L'OR.
ALCHIMIE ET COMBINAISONS FINANCIÈRES.

Dans une petite pièce du second étage de son hôtel,
Scarron s'agite dans son fauteuil, manœuvre de la voix
et du geste un valet qui se faufile, les bras chargés de
lourds flacons, entre les cornues à la panse pleine
d'acides fumeux. Un autre empiffre du charbon de
bois dans un four de briques. La chambre est pleine
de vapeurs épaisses qui s'échappent par les tubulures
mal jointes des alambics.

Devant le poète hagard, enfiévré, jurant, tempêtant,
monstrueux comme un sorcier gesticulant dans son
antre, les savants traités de chimie joignent leurs
feuillets épars à ceux des livres occultes de Raymond
Lulle. Et dans un coin, appuyée contre un tréteau,
une ardoise sur laquelle de mystérieux calculs blancs
consignent les résultats des expériences. Quelquefois
Françoise vient timidement entrebailler la porte, passe
la tête curieuse d'une enfant mutine dans ce cloaque,

puis épouvantée par l'aspect horrifiant de la scène, se sauve en suffoquant, toussant et se signant, comme si elle venait d'esquisser une incursion en l'enfer.

Arrivé à ce point de décrépitude qui présageait une fin prochaine, au cours de ces longues séries de nuits sans sommeil, où l'acuité de la souffrance finissait par instants à égarer son cerveau, Scarron s'était remis à vouloir la guérison de toute son énergie farouche. Et à force de la vouloir il l'avait espérée.

Mais par quels moyens : la médecine, il ne voulait plus en entendre parler. Les saignées, les clystères, les doses progressives d'antimoine, les farfouillages des outils chirurgicaux avaient vainement fatigué depuis vingt ans sa chair endolorie. La régénérescence miraculeuse due à un climat nouveau, il ne croyait plus, depuis le retour piteux des colons de la société, à cette salubrité merveilleuse des pays américains. Quant à la grâce d'une guérison mystique, payée par des prières, des jeûnes et des remords, il avait perdu toute foi en la Providence et se sentait peu enclin à la mortification.

Ainsi, sur les conseils de son ami Cabart de Villermont, il tâta de l'alchimie. Il avait obtenu l'autorisation d'établir chez lui tout un appareillage, et s'était fait attribuer un privilège royal pour ses recherches « sur les secrets des minéraux et la composition de drogues propres à soulager les souffrances de l'espèce humaine. »

Il espérait ainsi sauver sa santé, en préparant de l'or potable qui passait pour le baume essentiel de la vie, puis faire sa fortune en solidifiant un peu de cette précieuse matière.

Rien ne sortit des alambics, ni la richesse, ni la vigueur. Bien au contraire il en coûta beaucoup d'argent dépensé en ustensiles et en installation, beaucoup de temps et d'énergie épuisés en efforts stériles !

Contre cette double perte, en même temps que contre l'impiété sacrilège d'une semblable violation des secrets de la création, Françoise ne cessait de rechigner. Il fallut bien se rendre à son avis, le malheureux alchimiste fit transporter sa jatte de son laboratoire à sa chambre.

C'est alors qu'il s'essaya dans la finance. Il avait assisté à la formation rapide de fortunes rondelettes, au profit de toutes sortes de personnages sans génie mais sans scrupules qui, gravitant autour de Foucquet, lui rendaient le service de prêter leurs pantins obscurs au jeu de ses combinaisons.

Il voulut goûter de cette manne si tentante pour un affamé. Il prit des parts de sociétaire dans différentes compagnies à buts plus ou moins licites, à moyens plus ou moins louches, à résultats plus ou moins fallacieux.

On était loin du Scarron pétri de pure franchise, d'honnête simplicité, répugnant aux complexités. Mais il commençait à s'éteindre, ce rire qui avait animé de son éclat sonore toute sa belle existence, belle malgré l'incessante présence des douleurs qui l'obsédaient depuis vingt ans, belle en dépit de ce compagnonnage lassant de la misère. Et une fois perdu l'éclat de ce flambeau, il ne restait plus qu'un pauvre homme aux abois, exposé à toutes les tentations.

D'ailleurs il ne voyait rien d'immoral à essayer comme tant d'autres de gagner facilement de quoi satisfaire ses appétits, limités mais exigeants. Qu'il s'agît de la réfection des ponts de la Charente, du rétablissement du port de Cognac, de l'entreprise du déchargement des convois ravitaillant la capitale, de la récupération des arrérages de rentes sur la ville non touchés par les prêteurs, il envisageait en poète toutes ces opérations. Le développement équilibré d'un plan conçu par lui et exécuté sous ses ordres par des mercenaires, lui semblait de la même nature que la création d'une comédie dont des pitres venaient débiter au public les trouvailles fantaisistes.

Les résultats de toutes ces affaires furent bien maigres. Ce projet d'ériger en monopole la charge d'acquitter les droits relatifs aux marchandises arrivant aux portes de Paris, et d'assumer la livraison à domicile, fut soumis au chancelier Séguier par un certain sieur Doublet, ancien fermier général. Foucquet appuya cette idée de toute son influence, mais le prévôt des marchands se fit le représentant de toutes les récriminations. Les Parisiens étaient peu disposés à voir se superposer aux droits d'octroi la rémunération d'un officier déchargeur, et l'idée n'eut pas de suite.

Quant à son affaire de récupération des arrérages, il abandonna ses droits à un certain Baron, contre une promesse de six cents pistoles : il n'en retira d'autre satisfaction que de jouer les Démosthène et

les Cicéron en écrivant contre son associé malhonnête
la vengeresse satire qu'il intitula *Baronade*.

> « O Muse ! Donne moi, non du style plaisant,
> Mais du chagrin, du médisant,
> De celui qui tranche et qui pique
> Et qui de loin comme de près
> Lance d'inévitables traits,
> Dont les coups quoi qu'on leur applique,
> Et fût-ce un remède magique,
> Laissent des marques pour jamais.

Scarron était trop habitué à manœuvrer allègrement
les marionnettes issues de son imagination, pour savoir
se heurter avec souplesse, opiniâtreté, énergie aux
résistances des volontés adverses qu'accrochaient ses
projets commerciaux.

II

DÉFAILLANCE.

Toutes ces opérations financières, dans lesquelles ce chercheur d'or engageait plutôt l'argent qu'on lui prêtait que ses propres fonds, n'étaient pas sans lui donner l'apparence d'une certaine aisance. Or la coquetterie naissante de Françoise était un petit monstre qui n'aimait pas voir traîner les écus au fond des tiroirs.

La jeune femme désertait cet hôtel qui tendait à devenir plus un royaume de la goinfrerie qu'un cénacle d'esprits distingués, à mesure que dégénérait l'intelligence du poète. De tous ses organes, seul son estomac gardait une jeunesse avide et il en était réduit à collectionner, savourer, multiplier les seules sensations de cette muqueuse animale, par l'intermédiaire de laquelle le monde extérieur, dont il avait jadis puisé à plein-être toutes les manifestations de vie, lui envoyait encore quelques réchauffantes excitations.

Françoise fuyait ces déballages pompeux de la cargaison des chapons expédiés du Mans par le grassouillet Costar, ces tablées où s'extasiaient les d'Elbène, les La Mesnardière, les Rosteau. Souvent, quelque jour maigre, taciturne à un bout de la table parmi l'animation des gourmets, elle mangeait calmement son hareng sec, puis s'esquivait hautaine comme une divinité, sous les quolibets de tous ces hommes ivres à demi.

Elle aimait mieux courir les ruelles, les salons, se pavaner sur le Cours-la-Reine, minauder à la barbe des militaires, éclater de rire au ventre des financiers. Pourtant elle gardait sa réputation méritée d'inexpugnable. Les plaisanteries, l'animation des joutes dangereuses dont sa froideur, abaissée comme une visière au moment des assauts périlleux, faisait d'inoffensifs assauts — tels étaient ses plaisirs. On disait d'elle : « Sa frigidité la met à l'abri de bien des défaillances. Mais elle coquette, et nul ne pourrait jurer qu'elle soit intacte ».

Peu à peu, elle remplaçait dans ses relations intimes les bigotes désséchées par de joyeuses mondaines. Madame Foucquet avait fait d'elle une compagne si choyée que Scarron songeait avec inquiétude : « Elle est si férue de ma femme que je crains qu'il ne s'y mêle quelque chose d'impur ». Marie Mancini, la gracieuse nièce de Mazarin, celle sur qui devait s'essayer le premier, le plus léger, le plus pur amour de Louis XIV, insistait affectueusement pour qu'elle vînt passer quelques semaines avec elle au Brouage. Et cette Ninon de Lenclos, dont la conduite lui avait paru jadis un répugnant scandale, dont elle n'avait toléré qu'avec peine la présence amicale auprès de son mari, elle était maintenant sa propre amie...

Ce revirement de son attitude à l'égard de la maîtresse passionnée de Villarceau coïncidait d'ailleurs avec la fin de la phase amoureuse de cette liaison. Ninon et l'élégant marquis en étaient venus d'un commun accord à n'être plus que de bons et joyeux camarades. Le jeune homme, par goût autant que par forfanterie, avait résolu d'essayer un exploit : faire tomber la vertu de cette Françoise, imprudente coquette dont nul ne pouvait se vanter d'avoir reçu rien autre que des sourires. Là où avaient échoué les brutales avances des financiers qui proposaient de payer très cher, jusqu'à trois cent mille écus, dit-on, un consentement aussi difficile à arracher, là où les flatteuses avances des plus grands seigneurs s'étaient vainement heurtées, la capricieuse fantaisie du petit marquis pomponné allait trouver son succès.

Et un jour chez Ninon qui, malgré son amitié pour Scarron, favorisait avec sa légèreté coutumière de bien dangereux rendez-vous, la glaciale pruderie de Françoise se fendilla enfin sous l'ardeur dévorante du galant opiniâtre. Elle céda une fois, puis d'autres, à Villarceau, comme elle avait peut-être abandonné à Méré de moins complètes caresses, avec l'oppression de l'inévitable remords profilant déjà son ombre sur la minute de plaisir. Elle céda, parce que ces quelques années de coquetterie croissante, d'agaceries audacieuses, de contact lancinant avec une vie peuplée d'intrigues, de désirs, de plaisirs, rendaient inévitable cette chute...

Ninon le comprit, mais il ne lui semblait pas qu'il y eût là une trahison, ni de la part de Françoise, ni de la sienne. D'ailleurs tel qu'elle connaissait le poète, elle le croyait peu soucieux du point où l'incompressible désir de la chair pouvait mener cette femme, dont il ne détenait somme toute que la compagnie, la tendresse pitoyable, la vigilante surveillance.

Mais Ninon, dans sa légèreté d'oiseau, n'avait pas compris qu'en dépit de son impuissance physique, Scarron aimait sa femme ; que, jusqu'à cette année même, il avait conservé l'espoir de la posséder charnellement. En tous cas, il était fier d'être le maître de cette créature, heureux d'avoir formé son esprit, d'avoir éduqué sa grâce, et toute atteinte, si brève fut-elle, à son emprise, tout abandon à un autre de ce bien qui était sien, faisait crier sans qu'il y parût les fibres intimes de sa sensibilité.

Scarron souffrit de cette infidélité. Et pourtant son honneur n'était pas en jeu : peu de gens connurent cette faute de la « marmoréenne » Françoise. Les ennemis toutefois la flairèrent, et la mesquine rancune de Gilles Boileau s'empara de cet incident pour faire courir certain épigramme publiant l'infortune du Burlesque.

> « Vois sur quoi ton erreur se fonde,
> Scarron, de croire que le monde,
> Te va voir pour ton entretien.
> Quoi ! Ne vois-tu pas grosse bête,
> Si tu grattais un peu la tête,
> Que tu le devinerais bien ! »

Trop heureux de récolter ce trait, Boisrobert, dont bouillait encore l'hostilité, s'empressa de le colporter de bouche en bouche. Mais l'on rit peu contre Scarron, car tous ceux qui avaient vainement essayé leur pouvoir sur l'impassibilité de Françoise, jugeaient impossible qu'elle eût eu pour d'autres une défaillance qu'eux-mêmes n'avaient pas su provoquer. Cependant Scarron ne cacha pas son dépit, et il s'engagea même, pour punir cette insolence, à écrire tous les jours pendant trois ans, une épigramme contre son auteur. En fait il n'en fit que quelques-unes, celle-ci parmi les plus pointues :

> « De langue médisante et de tête malfaite,
> L'onzième traducteur des œuvres d'Epictète
> Qui dans ce qu'il écrit ne met guère du sien,
> Et qui n'écrit pourtant qu'avec beaucoup de peine,
> Boileau donc, perd l'esprit et ne perd presque rien !
> Sa folie est plaisante : il se croit Diogène,
> A cause qu'il mord comme un chien ! »

Scarron s'en tint là. Il préjugeait trop de ses forces, de sa patience et de sa rancune.

III

PARMI LES ROSES DE FONTENAY.

La campagne dans sa plate, calme, lénifiante silencieuse inertie chauffe au soleil de mai le frêle duvet de ses jeunes pousses vertes. Accotés à un petit bois de chênes qui trouble d'une tache de ramure foncée l'espace clair des champs, une timide petite maison basse, construite en fruste meulière, fait palpiter sous la lumière sa carapace ocrée. Tout autour, au-dessus du cercle gazonné qu'isole la clôture de minces buissons, les rosiers hardis se poursuivent d'arbre en arbre, de pierre en pierre, dans d'impertinentes escalades, tantôt équilibrant tant bien que mal leur tige contre le moindre appui, tantôt la laissant pendre dans le vide et osciller au gré des vents. Et, attachées à ces souples liens d'un vert tendre, mille roses aux tons variés montrent de petites têtes fraîches, mutines comme des visages d'enfants, ou de grosses figures épanouies, gorgées comme la face enflée des partisans jouisseurs.

Dans ce petit refuge champêtre qui appartient

à sa sœur Françoise, Scarron est venu en cet été 1659 reposer son pauvre corps dont chaque année accroît les meurtrissures. Lui qui a si peu vécu à la campagne, lui dont la vie artificielle n'a pu continuer sa pénible réaction que dans l'atmosphère ardente des plaisirs mondains, il sent à cette heure une telle dissociante lassitude, qu'il goûte alors le charme de cette solitude. Mais il n'y trouve pas une source de plaisirs actifs ; dans sa fatigue extrême il savoure seulement là la satisfaction toute négative du repos et du silence. Car, en dépit de l'enthousiasme lyrique qu'il déploya au moment de ses projets d'émigration en Amérique, il n'est nullement un admirateur de la nature.

Son rire irrésistible, son sens du comique, son discernement aigu du ridicule sont sans prise sur le spectacle des choses. Seules les constructions factices de la société se sont offertes à ses traits, seules aussi elles ont intéressé son existence.

La vie par ce qu'elle comporte de satisfactions possibles aux appétits des sens, les hommes et leurs institutions par ce qu'ils renferment d'incohérences, de dissonnances, de raideurs qui soulèvent le rire — voilà les deux pôles entre lesquels a oscillé son esprit. Mais pour la nature harmonieuse dans ses lois, souple dans la répartition mélodieuse des formes, des couleurs, des parfums et des sons, pour la nature sur qui la critique s'émousse, pour la nature qui ne veut ni rire ni pleurs, mais seulement l'épanchement irréfléchi dans son sein de ceux dont le spectacle de la beauté fait battre plus vite le cœur, pour la nature — seule sa vieillesse épuisée gardait une petite place de muette adoration.

Dans cette retraite de Fontenay-aux-Roses, Scarron avait entraîné sa femme. Certes elle eût préféré demeurer à Paris en cette saison spécialement propice aux fêtes mondaines, mais comme de coutume elle n'éleva aucune opposition sérieuse quand son mari eut formulé une intention bien arrêtée.

Scarron voulut profiter du calme pour travailler. La vie tout extérieure, qu'il menait depuis son mariage avec une intensité accrue, l'épuisait et le privait du temps matériel nécessaire à composer et à rédiger les œuvres qu'il avait en chantier.

Il écrivit donc deux comédies : *la Fausse apparence*, *le Prince Corsaire*. Puis il se mit à esquisser une troisième partie pour le *Roman Comique*. Sur le personnage de Ragotin, il continuait d'accumuler tout ce que ses cinquante ans de raillerie impénitente pouvaient contenir d'acrimonie.

Mais, malgré ses longues heures de travail dont les douleurs de plus en plus harcelantes se chargeaient bien de combler les intervalles, cette retraite champêtre lui semblait vide. Il lui manquait surtout les visites tapageuses d'amis arrivant tout chargés d'anecdotes, de potins, apportant imprégné à leurs habits le parfum de la vie active, excitant sa combativité, échauffant ses nerfs, portant son organisme à la température élevée où seulement il pouvait subsister.

Pour se distraire, il se remit à dessiner comme aux temps de sa jeunesse. Sa main gardait assez de mobilité pour guider la tracé des belles lignes. Mais le paysage concret le tentait peu, il s'amusa bientôt à crayonner des cartes dans le genre de « l'Atlas du Tendre » de Mademoiselle de Scudéry. C'est ainsi qu'il imagina un « Empire Goguenard » qui était son propre domaine, il en fignola la légende fantaisiste pour le seul plaisir de son amusement. Puis il s'attaqua à préciser la géographie des pays voisins et ennemis, il enferma ses adversaires, tous ceux dont il méprisait le caractère ou le tempérament dans la République de Rabat-Joie. Il engloba dans ces manifestations puériles d'hostilité, traduites selon la mode du temps, un certain nombre de personnages qu'il traitait dans le monde comme des amis. Ses cartes sont une riposte aux dessins sur lesquels se pâmaient d'aise les Précieuses. Là encore éclata tout le goût vivace de la nue simplicité qui persistait malgré l'ambiance chez cet homme dont la vie vacillait.

Pendant ce temps, Françoise manœuvrait sagement son rouet. Elle avait pour l'infirme toute une provision de sourires et d'encouragements. Pourtant son regard flottait souvent dans l'espace vidé par sa rêverie, où les souvenirs des derniers mois venaient faire défiler leurs images. Pour le passé, plus d'amertume que de regrets. Pour le présent, la mondaine sans récrier jouait son rôle de compagne recluse. Pour l'avenir, elle gardait une confiance subconsciente et secrète.

Mais l'automne arrivait, fânant la seconde floraison des rosiers, amputant la durée des jours, évoquant le doux attrait du confortable hôtel de la rue Neuve-Saint-Louis. Françoise soupirait d'ennui et Scarron se sentait, malgré sa faiblesse croissante, un appétit de bruit et d'agitation qui le tenaillait.

Alors on fit les bagages et on reprit la pénible route. Au soleil pâlissant, à tout ce paysage brûlé par la jouissance dévorante de l'été, le poète donnait du regard comme un dernier adieu ému. Non qu'il le regrettât, mais il sentait que c'était là son ultime entrevue avec la nature. Car ses forces s'épuisaient. Et puis l'approche de son cinquantenaire lui paraissait marquer le terme extrême de son existence.

Il avait déjà vécu et souffert beaucoup plus longtemps qu'il ne l'escomptait, quand il se traînait, il y avait quelque vingt ans, aux pieds de la Vierge miraculeuse de Bourbon-l'Archambault.

IV

PRÉPARATIFS DE DÉPART.

Dès son retour à Paris, Scarron se comporta comme un homme que la mort guettait. Il fit dans divers sens des efforts pour assurer l'avenir de tout ce qu'il laissait : sa femme, son œuvre.

D'abord, il voulut profiter de son intimité avec le peintre Mignard pour fixer à jamais la radieuse jeunesse de Françoise. Essaimées au cours de l'hiver, il y eut de longues séances de pose qui se terminaient par de joyeux repas.

L'image séduisante se dessinait peu à peu. Et souvent, seul avec ses pensées, le poète contemplait avec émotion l'apparition que lui livrait la toile. Alors toute la honte et la rancune de son infirmité affluaient : quel désespoir il ressentait de n'avoir pu donner à cette belle créature tout le bonheur auquel elle avait droit ! Il disait à son ami Cabart : « Je mourrai bientôt ; si je m'afflige de quitter le monde, ce n'est que parce que je laisse sans espérance et sans bien une femme que j'ai tant de raisons d'estimer ; je vous la recommande, ainsi qu'à toutes mes connaissances. Que deviendrait-elle ? »

Il soupçonnait bien les quelques rares accrocs, tôt suivis de lamentables remords qu'avait subis la fidélité conjugale de Françoise, pendant ces dix années d'une existence contre nature. Non seulement il ne se révoltait pas contre de si instinctives incartades, mais il lui paraissait que ces courtes revanches qu'avait prises à ses dépens l'ardent tempérament de Françoise ne réussissaient pas à l'absoudre lui, d'avoir enchaîné à sa décrépitude tant de jeunesse inassouvie.

Si encore il lui laissait pour prix de ces années monastiques l'assurance d'une vie matérielle paisible et heureuse ! Mais non ! Il pensait souvent avec inquiétude à ce que serait après sa mort le sort de la veuve Scarron, n'ayant pour tout actif que le nom d'un bouffon, mécréant et libertin, et l'éclat dangereux de sa beauté.

Si elle était destinée à vivre à la remorque de la galanterie, à quoi lui aurait servi le sacrifice de ses plus belles années de jeunesse !

Voilà de quelles tristes réflexions le poète se torturait en ce jour d'août 1660 :

« J'étais seul l'autre jour en ma petite chambre,
Couché sur mon grabat, souffrant en chaque membre,
Triste comme un grand deuil, chagrin comme un damné... »

Cependant, revêtue de ses plus somptueux atours, Françoise guettait d'un balcon voisin de l'Hôtel de Beauvais, où se trouvaient toutes les dames de la Cour, l'entrée triomphale à Paris de Louis XIV ramenant la jeune reine Marie-Thérèse.

Elle rosissait du plaisir de se pavaner en si noble compagnie, souriant aux brillants cavaliers qui la saluaient en passant, dépitée de voir Villarceau caracoler devant elle sans lever la tête, s'amusant à imaginer la conclusion humaine de cette parade magnifique. « La Reine — écrit-elle — dut se coucher assez contente hier soir du mari qu'elle a choisi ! »

Et lui, le pauvre époux, pendant que la foule en liesse se postait tout le long du parcours triomphal, pensant calmement à sa mort prochaine, il trouvait le courage de rimer gaillardement sur le grand événement. Il disait au Comte de Vivonne :

« Vous n'assisterez point au fatal mariage
Qui vient de réunir deux peuples belliqueux,
Et faire faire assaut de pucelage
Aux deux divinités de la Seine et du Tage !

Oh ! que s'ils ont agi tous deux
Autant heureusement qu'ils en avaient la mine,
Leur premier coup d'essai, quoique fait à tâtons,
Va donner à la France, un, même deux garçons
　　　De royale origine !
On n'en attend pas moins des saints embrassements
　　　De ces adorables amans.

Pour complaire à la grande Mademoiselle, duchesse de Montpensier, et se ménager son appui, il l'avait suivie dans sa mode des portraits. Segrais l'avait d'ail-

leurs invité de la part de la princesse à entrer dans le
eu, et Françoise avait insisté pour qu'il ne négligeât
pas, malgré le peu de goût qu'il avait alors pour cet
exercice, cette occasion de faire sa cour à un personnage aussi influent.

Puis il eut un jour un espoir insensé : le débauché
chanoine Costar venait de succomber à l'usure extrême
de son organisme, laissant vacante une place d'histo-
riographe du Roi. Il s'avisa de solliciter ce poste par
l'intermédiaire de Foucquet.

Il oubliait que, pour la Cour, son nom restait attaché
aux fermentations de la Fronde. Ni le Roi, ni la Reine-
mère, ni Mazarin n'étaient disposés à considérer comme
une innocente plaisanterie, malgré le recul de quelques
années, cette insurrection qui les avait ignominieuse-
ment chassés de Paris. Et pour eux, Scarron en avait
été, non un malheureux comparse, mais un instigateur
bouillant.

Tandis que le poète attendait vainement une réponse
à sa supplique, il voulut savoir si l'impression de mort
imminente qu'il ressentait correspondait à une réalité.
Un médecin consulté lui donna un délai maximum de
quelques mois avant l'issue.

Alors, prenant gaiement une dernière fois son écri-
toire, d'une haleine essoufflée il rédigea son testament
et son épitaphe.

Rien n'est poignant comme la tristesse contenue dans
ces simples lignes qui devaient signaler la dalle funé-
raire de ce martyr du rire :

« Celui qu'ici maintenant dort
Fit plus de pitié que d'envie,
Et souffrit, mille fois la mort
Avant que de perdre la vie.

Passant, ne fais ici de bruit ;
Garde bien que tu ne l'éveilles,
Car voici la première nuit
Que le pauvre Scarron sommeille. »

Quant à l'expression burlesque de ses volontés dernières, c'est encore une farce où l'on sent à peine dans
quelques vers passer l'angoisse d'un moribond.

« Il n'est plus temps de rimailler,
On a dit qu'il faut détaller.
Moi, qui suis dans un cul de jatte,
Qui ne remue ni pied ni patte,
Et qui n'ai jamais fait un pas,
Il faut aller jusqu'au trépas ?

A sa femme, il lègue le droit de se remarier. A ses
amis, à ses ennemis, il disperse toutes sortes de biens
ou de maux qui ne sont pas plus sa propriété que celle de
tous les humains.

Premièrement je donne et lègue
A ma femme qui n'est pas bègue
Pouvoir de se remarier
Sans aucun dessein pallier.

Puis, ayant épuisé dans ce dernier travail son ultime
souffle de joie goguenarde, il jeta en l'air sa plume et

muet, inerte il attendit avec patience de retourner au néant.

De temps en temps, comme ces arbres à demi-morts et désséchés qui d'année en année par hasard produisent un fruit superbement mûri à point, son esprit façonnait quelque plaisante épigramme, quelque joyeuse boutade, que d'une voix éteinte il lançait aux parents penchés sur son chevet, au lieu du dernier soupir qu'on attendait, plus qu'on ne le redoutait.

Cet homme que vingt ans plus tôt l'opinion commune avait condamné à une mort imminente, offrait encore, malgré lui, malgré son état de détente, de résignation, d'abandon, une résistance acharnée à la décomposition cellulaire, tant cet équilibre calorofique mystérieux qu'est la vie accrochait encore vigoureusement les ruines lamentables de sa chair.

Dans Paris s'était répandue la nouvelle de l'extrémité où se trouvait Scarron. Le public n'est jamais tendre pour ses pitres : ceux qui lui ont donné leur vie, qu'ils soient des politiques, des artistes ou des comédiens, lui appartiennent, jusqu'à la mort, au-delà de la mort, dans tous leurs secrets. Des gribouilleurs, avides de vendre leurs produits, faisaient clamer par des crieurs les titres des facéties que leur inspirait l'agonie du Burlesque. Pourtant parmi les railleries cruelles passait comme un souffle de reconnaissance pour cet homme qui avait diffusé tant de joie. Ainsi ce dialogue de deux crieurs de gazettes :

> « Un homme de sa nature
> Est plus nécessaire ici-bas

Que le monde ne le croit pas.
C'est par lui que plusieurs libraires,
Que Messieurs les Comédiens
Ont gagné de solides biens,
Que tous les crieurs de gazettes,
Avec ses pièces si bien faites,
Ont eu souvent dedans la main
Les sous marqués et le douzain. »

Et, à travers les vitres closes de la rue Neuve-Saint-Louis, Françoise entendait prononcer par cent bouches rieuses son nom, le nom de ce pauvre homme qui, sans un mot, se débattait dans de terribles souffrances.

Puis ce furent les créanciers, alertés par cette nouvelle, qui firent entendre leurs récriminations. Pour les calmer on donnait à l'un quelques cuillères, à l'autre un flambeau d'argent. Alors au lieu du défilé allègre des gens qui, quelques semaines plus tôt, venaient rire chez Scarron les bras chargés de cadeaux, ce fut la lugubre théorie de ces déménageurs rapaces, vidant avant la mort le petit hôtel que le maître ne pouvait plus défendre.

V

« VOUS NE PLEUREREZ JAMAIS TANT QUE JE VOUS AI FAIT RIRE ! »

Le faible jour naissant d'un brumeux octobre filtre à travers les persiennes closes. Des formes sombres, affalées dans des fauteuils, cernent le large lit de leur immobilité oppressée. Depuis des heures, Scarron, les yeux clos, respirant par faibles saccades, n'a pas donné le moindre signe de conscience.

Et Françoise s'affole : s'il n'allait pas reprendre connaissance ! Dix fois déjà, pendant de courts intervalles lucides, elle l'avait harcelé de la monotone prière : « Puis-je faire quérir un prêtre ? » et chaque fois fixant sur elle un regard intense, tendre et volontaire, il avait nettement articulé son refus.

Maintenant que faire ? Elle balbutie ses questions aux amis qui l'assistent. Alexandre d'Elbène lui dit : « Laissez donc mourir tranquillement ce pauvre homme ! » et le maréchal d'Albret a un geste vague de lassitude. Quant à Françoise Scarron, elle approuve sa belle-sœur.

Quand le poète rouvrit les yeux, des flambeaux brillaient sur la cheminée transformée en autel, le prêtre était là. Alors « l'ennemi de Dieu » n'eut plus la force de refuser à sa femme implorante le simulacre d'une réconciliation avec le Créateur. Gaîment il fit au prêtre décontenancé une rapide confession des plus graves infractions qu'il avait commises envers la doctrine et la morale religieuses. Malgré son extrême faiblesse, sa voix gardait des notes claironnantes. Il faisait l'exposé de ses péchés, un peu comme on conte avec une modestie feinte le récit de ses exploits. Le curé de la paroisse Saint-Louis n'en avait que trop entendu, il crut bon d'interrompre cette complaisante confession :

— « Je sais, mon fils, vous avez beaucoup souffert, mais la douleur est une grâce que le Ciel envoie aux âmes d'élite pour éprouver la constance de leur foi. En dépit de vos fautes, je crois à votre salut, car Dieu vous a distingué en vous faisant souffrir... »

— « C'est trop d'honneur qu'il m'a fait, mon Père ! »

Et le visage flétri du moribond retrouva un instant comme un reflet de la fraîcheur mutine de l'enfance moqueuse. Puis, sans plus de résistance, il se laissa administrer les derniers sacrements.

Il fit signe à Françoise de s'approcher de lui et il murmura avec une surhumaine douceur :

« Souvenez-vous quelquefois de moi, Francine. Je vous laisse sans bien... Quoique la vertu n'en donne pas, je suis parfaitement convaincu que vous serez toujours vertueuse... »

Un instant après, il disait encore à d'Albret sur un ton goguenard :

« Je ne me serais jamais imaginé qu'il fût si facile de se consoler de la mort. »

Enfin, gêné de sentir autour de lui s'agiter les quelques rares personnes qui le veillaient en sanglotant :

« Mes enfants, leur dit-il, d'un air enjoué — vous ne pleurerez jamais tant que je vous ai fait rire! »

Ce furent ses derniers mots et, dans cette nuit du 6 au 7 octobre 1660, Alexandre d'Elbène qui avait porté le petit Paul Scarron sur les fonts baptismaux ferma, sur la face du précoce vieillard redevenue sereinement moqueuse, ses larges paupières flétries.

Il n'eut que de simples et clandestines funérailles. Simples, car lui-même avait souvent proclamé l'inanité des somptueuses solennités mortuaires : peu lui importait l'endroit où achèveraient de pourrir les déchets de sa chair. D'ailleurs on n'aurait pu trouver ni les fonds, ni le crédit nécessaire à des frais plus importants. Clandestines, car il était à craindre que les facétieux qui ne respectaient rien ne profitassent de l'occasion pour imaginer quelque macabre bouffonnerie.

A l'église Saint-Gervais, sur le pauvre cercueil tombèrent les mots hachés d'une messe rapide, et on le descendit sous une dalle nue de la nef.

Les brillants seigneurs qui avaient accompagné de leur tumultueux éclat cette vie coulée en plein rire, ignorèrent longtemps cette mort.

Et quand ils la connurent, ils se désintéressèrent d'en savoir les détails et les conséquences.

Les rares larmes de sa sœur, les pleurs sincères de l'épouse étonnèrent les voisins.

La veuve pleura « comme si elle avait perdu quelque chose ». Certes celui qui disparaissait n'avait été pour elle, malgré sa tendresse constante et son amour toujours ardent, ni un époux, ni un amant, ni un protecteur, à peine un ami. Mais il y avait un rôle immense qu'il avait joué pendant ces dix ans auprès de la petite provinciale étriquée, un peu niaise — celui d'un éducateur merveilleux de l'intelligence, celui d'un pédagogue facile, enjoué et fécond.

Et, dans la fortune inespérée où devait s'élever la future Madame de Maintenon, non par le jeu facile d'un pur attrait physique qui hausse inopinément la plus rustre créature au rang fastueux de favorite, mais par le seul prestige de son esprit cultivé, pondéré et raisonneur — dans cette ascension inouïe d'une malheureuse épave de la misère aux réalités d'un trône éclatant, non moins que la volonté tenace d'une petite fille d'Agrippa d'Aubigné, il faut voir l'influence d'un long et intime contact avec la vivante intelligence d'un Scarron.

Quant au monde des lettres, lorsqu'il apprit la disparition du Burlesque, il fit pleuvoir sur sa tombe des gerbes de louanges. Quel que fût leur genre ou leur tempérament, les gens qui faisaient métier d'écrire se plurent à reconnaître le mérite de ce bouffon qui avait si souvent, si spirituellement, si vigoureusement manœuvré la folie du rire.

Mais le véritable héritage que laissait Scarron n'était ni le maigre patrimoine que sa veuve âprement disputait aux créanciers, ni même l'œuvre littéraire que son rire avait créée, quelle que soit sa réelle valeur. C'était plutôt cette influence efficace, mais malaisément pondérable, que ce rire déchaîné avait eue sur la mentalité de l'époque.

Ses ouvrages, son style, sa vie, son personnage, sont autant d'éléments disparates et diffus dont s'était enrichie — sans qu'on s'en aperçût — l'atmosphère littéraire de cette première moitié du XVIIe siècle. Molière devait venir récupérer cette féconde matière.

A l'aube et au déclin de cette hilarité prodigieuse avaient veillé deux femmes. Cette Marie de Hautefort, seule forme dont la grâce spirituelle ait pu émouvoir jusqu'à l'âme Louis XIII le taciturne. Cette Françoise d'Aubigné, seule volonté qui ait su envelopper de sa mystique maîtrise l'orgueil du Roi-Soleil.

Pourquoi ces deux femmes, plus riches d'amours royales que des reines, ont-elles mêlé tendrement à ce rire stoïque les frissons de leurs joies, les soupirs de leurs peines ?

Enchaînement fantaisiste du hasard ? Apparent caprice d'une loi dont le sens nous échappe ?

Non. Surtout l'extroardinaire attrait de cet homme, en qui la douleur et la vie se livraient un monstrueux combat, de ce gnome qui n'avait d'humain que cet essentiel attribut de l'espèce humaine, ce rire consolant et vengeur, ce rire qui pour un instant fait sortir l'être de sa carcasse, ce rire, réaction irrésistible de la raison contre le monde social mesquin, méchant, injuste.

FIN

TABLE DES MATIÈRES

LE RIRE NARQUOIS

LE RIRE LIBERTIN

LE RIRE AMER

LE RIRE CRÉATEUR

ACHEVÉ D'IMPRIMER
LE 5 OCTOBRE 1929
PAR F. PAILLART, A
ABBEVILLE (SOMME)

www.ingramcontent.com/pod-product-compliance
Ingram Content Group UK Ltd.
Pitfield, Milton Keynes, MK11 3LW, UK
UKHW021644170726
13836UKWH00005B/2376